PASSAGE OBLIGÉ

Données de catalogage avant publication (Canada)

Sirois, Charles

Passage obligé : de la gestion mécanique à la gestion organique

1. Gestion.   2. Planification stratégique.   3. Design organisationnel.
I. Titre.

HD33.S57   1999   658   C99-940379-6

DISTRIBUTEURS EXCLUSIFS :

- Pour le Canada et
  les États-Unis :
  MESSAGERIES ADP*
  955, rue Amherst,
  Montréal, Québec
  H2L 3K4
  Tél. : (514) 523-1182
  Télécopieur : (514) 939-0406
  * Filiale de Sogides ltée

- Pour la France et
  les autres pays :
  INTER FORUM
  Immeuble Paryseine, 3, Allée de la Seine
  94854 Ivry Cedex
  Tél. : 01 49 59 11 89/91
  Télécopieur : 01 49 59 11 96
  Commandes : Tél. : 02 38 32 71 00
  Télécopieur : 02 38 32 71 28

- Pour la Suisse :
  DIFFUSION: HAVAS SERVICES SUISSES
  Case postale 69 - 1701 Fribourg - Suisse
  Tél. : (41-26) 460-80-60
  Télécopieur : (41-26) 460-80-68
  Internet : www.havas.ch
  Email : office@havas.ch
  DISTRIBUTION: OLF SA
  Z.I. 3, Corminbœuf
  Case postale 1061
  CH-1701 FRIBOURG
  Commandes : Tél. : (41-26) 467-53-33
  Télécopieur : (41-26) 467-54-66

- Pour la Belgique et le Luxembourg :
  PRESSES DE BELGIQUE S.A.
  Boulevard de l'Europe 117
  B-1301 Wavre
  Tél. : (010) 42-03-20
  Télécopieur : (010) 41-20-24

Pour en savoir davantage sur nos publications,
visitez notre site : **www.edhomme.com**
Autres sites à visiter : www.edjour.com
www.edtypo.com • www.edvlb.com
www.edhexagone.com • www.edutilis.com

Dépôt légal : 2ᵉ trimestre 1999
Bibliothèque nationale du Québec

ISBN 2-7619-1490-2

Charles Sirois

AVEC LA COLLABORATION DE
MARCEL SAINT-GERMAIN

PASSAGE OBLIGÉ

DE LA GESTION MÉCANIQUE
À LA GESTION ORGANIQUE

LES ÉDITIONS DE L'HOMME

Nous remercions chaleureusement le Dr Yves Quenneville et le Dr Denis Gauvreau qui, grâce à leurs connaissances de l'univers organique, nous ont prodigué de précieux conseils.

À tous les hommes et les femmes qui ont le désir d'être des participants et non des observateurs de la construction d'un nouveau monde.

INTRODUCTION

Le présent ouvrage est une réflexion sur le monde d'aujourd'hui et sa gestion, vu sous l'angle de la dynamique qui entraîne les forces convergentes et divergentes de la même façon que s'agitent les changements et s'opèrent les mutations qui transforment la nature. Le monde évolue comme une entité organique, et sa gestion doit s'appuyer sur des principes et adopter une approche qui tiennent compte de cette réalité.

L'ère industrielle s'efface pour livrer passage à celle de la créativité. Autrement dit, un monde mécanique fondé sur la logique des procédés fait place à un univers mouvant, évolutif et imprévisible, comme un organisme vivant.

Plusieurs lignes de force et de courants ont transformé en profondeur le paysage économique de l'Occident, particulièrement au chapitre de la définition du travail, où la nouvelle donne consacre la primauté de la demande sur l'offre, instaure la mondialisation des marchés et accélère la dynamique des changements. Ces courants s'inscrivent dans le tourbillon de trois révolutions qui ont bouleversé, depuis quelques décennies, l'équilibre des forces qui régissaient l'ensemble des composantes de l'ère industrielle : la révolution des technologies de l'information, celle des communications et celle de la biogénétique.

Ce monde nouveau, en pleine mutation, renferme un ensemble d'éléments qui s'apparente au monde organique. Il évolue constamment à la recherche de l'état d'équilibre ; il est souvent imprévisible et se transforme continuellement ;

il réagit et s'adapte à l'environnement. Il se comporte comme un écosystème dans lequel interagissent une multitude d'organismes. Par ailleurs, l'ère qui s'achève privilégie la planification, la prévision et le contrôle ; elle s'est familiarisée avec les procédés, les chaînes de montage, les mécanismes et le fonctionnement logique, et respire mieux dans une structure rigide à tendance centralisatrice. C'est un univers mécanique.

L'approche organique consiste essentiellement à encadrer, à domestiquer et à maîtriser l'évolution. Les trois variables de l'organisme vivant – la réaction, l'adaptation et l'évolution –, poussées par la recherche permanente d'un équilibre toujours précaire, habitent la nature complexe et toujours en mouvement. Cette nature, composée d'écosystèmes interactifs et interdépendants, renferme elle-même des organismes dotés de codes génétiques propres.

L'entreprise est elle aussi une entité bien vivante qui abrite de multiples écosystèmes. C'est sous la gouverne du dirigeant, ingénieur biologique et manipulateur génétique, qui a la responsabilité de doter d'un code les cellules, les organes et les systèmes de l'organisation, que l'entreprise devient un milieu évolutif et adaptatif. L'entreprise organique est conduite par une direction qui sait lire l'environnement, c'est-à-dire les forces qui bougent alentour, une direction qui transmet à l'ensemble des employés des « codes génétiques » précis. Ces codes prennent la forme d'une philosophie clairement exprimée, de valeurs précisément définies et d'un choix de ressources fondé sur des critères où priment le savoir-faire et le jugement. C'est sur l'employé, cellule de base à qui on demande en premier lieu de réagir et de s'adapter aux forces qu'il observe dans son environnement immédiat, que reposent la viabilité de l'entreprise et son fondement organique. Cette adaptation devient la respiration de l'entreprise. Et le partage mutuel des connaissances et de l'expérience de chacun engendre la dynamique de la créativité et de l'innovation. Cette gestion évolutive peut aussi convenir à l'État qui gère la collectivité.

La mission première d'un État est d'assurer le bonheur de ses citoyens. Cette vérité fondamentale, qui n'a rien de simpliste, doit inspirer non seulement la direction d'un organisme d'État, mais aussi sa gestion. Tout en favorisant d'une part la mise en place des rampes d'accès à la connaissance qui deviendra accessible à tous et, d'autre part, l'augmentation du taux d'employabilité de ses commettants, l'État doit s'employer à établir un climat favorable à la création de la richesse collective, et à responsabiliser le citoyen en évitant d'intervenir dans sa vie quotidienne et en inversant l'équation de l'État débiteur et du citoyen créancier.

À l'ère de la créativité, l'État a tout intérêt à accélérer son propre virage technologique, à favoriser la déréglementation et ainsi stimuler la concurrence, à encourager l'autonomie des citoyens, à cesser d'être un État-providence et à devenir consommateur plutôt qu'investisseur.

Nous entrons rapidement dans une voie où nous attend à l'autre bout une société meilleure. L'ère de la créativité situe résolument l'être humain au centre de l'intelligence et du rayonnement du monde nouveau. Le monde organique appuie et encourage l'interconnexion des individus et l'échange continu des idées et des valeurs. L'approche organique, où l'adaptation rapide tient lieu de programme d'action, laissera derrière la démarche mécanique et ses attributs : la prospective, le contrôle et le pouvoir. En définitive, c'est l'être humain qui prend l'ère.

L'évolution et l'adaptation sont les deux côtés d'une médaille accrochée au cœur même de l'organisation organique et du monde de demain.

∽

Chapitre premier

La dernière décennie : une mécanique en déraillement

UN COCKTAIL EXPLOSIF

Nous traversons actuellement une période exceptionnelle de l'histoire de l'humanité. Une période de transition où l'on s'apprête à changer d'ère. Nous passons de l'ère industrielle à celle de la créativité, avec, comme passage obligé, l'âge de l'information que nous traversons aujourd'hui. Cette étape pour le moins singulière que nous franchissons en cette fin de millénaire se présente comme une transition entre deux époques. Les relations entre les individus et entre les collectivités se modifient fondamentalement et en accéléré. Nous assistons à l'agonie d'une civilisation et à la naissance d'une autre. Cette agonie ne se présente pas comme un déroulement évolutif, mais a plutôt l'aspect d'une rupture avec un hier dont le visage s'efface rapidement. Le point d'ancrage, l'origine de ce grand bouleversement, c'est le développement, le rayonnement universel de la technologie.

La combinaison de trois lignes de force a précipité le déclin d'une façon de vivre et en a fait naître une nouvelle qui se développe à grande vitesse. Nous avons été les témoins de trois révolutions qui, en tourbillonnant dans un même bocal, ont concocté un cocktail explosif : la révolution des technologies de l'information, la révolution des communications et la révolution biogénétique. La première a radicalement transformé les méthodes de production des biens et services en accroissant substantiellement la productivité ; la deuxième a modifié l'univers des relations humaines en augmentant la capacité du savoir ; la dernière est venue prolonger l'espérance de vie de chacun et ainsi accroître le nombre des êtres en bonne santé, plus productifs et plus instruits. Ces trois révolutions ont bouleversé l'équilibre des forces qui régissaient l'ensemble des composantes de l'ère industrielle.

QUE LE VRAI ROBOT SE LÈVE !

Essentiellement, la révolution industrielle, qui a pris naissance au XIXe siècle, a engendré non seulement la machine, mais aussi la pensée mécanique.

Nous sortons d'un univers où le travail, le processus de développement, l'organisation sociale et même la pensée individuelle étaient structurés de façon mécanique, c'est-à-dire tenaient du procédé, du déroulement logique et de la cohérence limpide. Libéré de l'effort physique, le travailleur n'avait qu'à suivre le rythme de la machine, à la nourrir et à s'assurer de la fiabilité et de la régularité de son fonctionnement. Le procédé linéaire de l'activité célébrait l'automatisme et l'enchaînement répétitif. Le geste machinal, bien intégré dans un processus invariable, magnifiait le caractère hautement prévisible du résultat escompté.

Dans les usines, les ateliers et les bureaux, tout s'est mécanisé, automatisé, linéarisé. Les grands empires industriels se sont développés de cette façon, entre autres les Ford, Krupp, Rockefeller et British Petroleum. On a vu naître des usines gigantesques et déferler une bureaucratie démesurée. Des cols bleus et des cols blancs jusqu'au plein emploi. La structure de ces organisations était pyramidale et le contrôle, vertical. Les journaux de masse engendraient une information de masse qui produisait une pensée de masse. *Big was beautiful.* On assistait aussi, à cette époque, au déploiement de nombreuses multinationales, comme IBM, Exxon, Philips, Nestlé et ITT, qui exerçaient, et exercent toujours, leurs activités dans de nombreux pays. Cette période a aussi été témoin, il ne faut pas l'oublier, d'une révolution technologique d'importance. Qu'il suffise de penser aux répercussions de la machine à vapeur, du moteur à explosion et de l'électricité sur l'évolution du travail et de la société.

Cette période a commencé à rendre l'âme avec l'arrivée et l'invasion de l'informatique au cours des années 1970-1980. Un bouleversement qui a frappé et qui continue de frapper durement et brutalement les travailleurs. Un choc d'autant plus violent qu'il allait s'échelonner sur une courte période de deux décennies. Et c'est au début des années 1990 qu'on a réussi à faible coût, par le biais de la numérisation, à convertir l'image de la matière en énergie – et vice versa –, et à passer du réel au virtuel.

Depuis cette période, l'univers a basculé dans une fuite évolutive vertigineuse. Par exemple, alors qu'il a fallu 38 longues années pour que la radio rejoigne 50 millions d'auditeurs, la télévision a atteint ce plateau en 13 ans, le câble est arrivé à des résultats comparables en 10 ans seulement, et Internet n'a mis que 5 ans pour toucher 50 millions d'internautes[1].

Autre exemple d'évolution fulgurante, la rapidité de transmission numérique d'un réseau à fibres optiques. Le projet CANARIE (Réseau canadien pour l'avancement de la recherche, de l'industrie et de l'enseignement) a pour objet de construire un réseau pancanadien à fibres optiques Internet appelé CA*net. En 1993, le réseau transmettait les données à une vitesse de 56 kilobits/seconde. En juin 1998, sur le réseau CA*net III, la vitesse de transmission de données est

---

1. Morgan Stanley, U.S. Investment Research, *The Internet : Advertizing Report,* décembre 1996.

de 40 gigabits/seconde, c'est-à-dire 750 fois plus qu'il y a 5 ans. Pour illustrer la rapidité foudroyante de l'émission d'information, précisons que le téléchargement du film maintes fois « oscarisés » *Titanic* se déroule, à la vitesse de 40 gigabits/seconde, en un cinquième de seconde, alors qu'il faudrait patienter pendant 41 heures et 40 minutes pour obtenir le même résultat à la vitesse de 56 kilobits/seconde. Un tel réseau peut transporter, en une seconde, un million de pages de texte, ou plus de 6650 livres comme celui que vous avez dans les mains[2].

L'évolution de la technologie de transmission au moyen des câbles transatlantiques a aussi évolué à folle vitesse. Le tableau qui suit illustre ce parcours évolutif entre 1992 et l'an 2000.

Technologie de transmission câbles transatlantiques

Année	Coût unitaire d'un circuit dans un câble (en $ US)	Nombre de circuits téléphoniques par câble
1992	2700 $	113 000
1994	1000 $	302 400
1996	620 $	604 000
1998	85 $	4 838 400
2000	20 $	38 707 200

Sources : *Telegeography 1990*, p. 90 ; *Telegeography 1997/1998*, p. 84 ; Téléglobe.

Quand on pense qu'en 1956, 36 ans donc avant 1992, le câble transatlantique ne transportait que 89 circuits téléphoniques au coût unitaire de plus de 500 000 $ US. Cette évolution que nous vivons depuis le début de la décennie 1990 est en marche dans tous les domaines des technologies de l'information. Il en va ainsi de l'informatique.

---

2. CANARIE a été créé en 1993 avec l'appui d'Industrie Canada. Le réseau a pour mission de faciliter la mise au point d'éléments critiques de l'infrastructure canadienne des communications. Ce réseau relie les universités et les centres de recherche au Canada.

Avec sa capacité d'emmagasiner une quantité considérable d'informations sur une puce de plus en plus performante, l'informatique réduisait considérablement le temps nécessaire au développement des programmes de travail. Au cours de la même période, la composante logiciel prenait un essor prodigieux. La migration rapide des ordinateurs dans les couloirs encombrés de la bureaucratie a eu pour conséquences non seulement d'éliminer de nombreuses tâches répétitives assignées aux cols blancs et d'en simplifier une multitude d'autres, mais aussi et surtout de réduire substantiellement le nombre de ces mêmes employés nécessaires à la bonne marche de l'organisation. Ce régime minceur imposé par l'informatique créait du même coup une nouvelle espèce sociale qui grossit de jour en jour et qu'on peut appeler les exclus ou les laissés-pour-compte.

Les cols bleus n'allaient pas non plus tarder à chômer. La médecine qu'on avait servie aux cols blancs allait bientôt faire les beaux jours des usines et des ateliers et porterait le nom de robotique. Les gestes répétitifs des ouvriers se transforment en gestes plus créatifs qui commandent à la machine plutôt que d'obéir à son rythme et à ses cadences. Ce n'est plus l'aptitude à imiter qui est applaudie, mais plutôt l'esprit inventif et d'initiative. La robotique a vraiment connu un développement exponentiel. Ce qui exigeait autrefois 5000 à 6000 employés pour produire des biens de consommation à la chaîne n'en requiert maintenant plus que 400 ou 500. Le nombre d'employés par entreprise dans l'industrie manufacturière, tant aux États-Unis qu'en Europe, a chuté dramatiquement au cours des années 1970 et 1980. Si, par exemple, dans l'industrie des télécommunications, les technologies de la commutation n'avaient pas progressé, on a peine à imaginer le nombre de téléphonistes qui seraient nécessaires aujourd'hui pour relayer les communications téléphoniques.

Les impératifs de la productivité réclament désormais un plus petit nombre d'ouvriers-créateurs, et ceux qui ont été formés à l'école des gestes répétitifs viennent gonfler la masse des exclus. L'automatisation et la prolifération des machines intelligentes imposent la conversion de l'ouvrier-automate en travailleur qui pense. Avec l'information en poche, il doit concevoir le parcours du robot, en comprendre le déroulement, faire des analyses, interpréter le rendement anticipé et le réviser à l'occasion. Les gains réels de productivité sont souvent attribuables à l'ingéniosité de l'ouvrier, plutôt qu'à la performance de la machine.

L'informatique et la robotique ont aussi transformé radicalement le monde du travail, le visage de l'économie et celui de la société. Ce duo performant nous oblige à repenser et à réinventer la notion de travail. On ne produit plus de la même manière et on n'offre plus les services de la même façon. Les heures consacrées à l'exécution des tâches ne sont plus reliées directement au succès et à la performance comme au bon vieux temps où régnaient les chaînes de montage. Autrefois, la valorisation du travail et des entreprises de production était presque exclusivement associée aux caractéristiques du produit, c'est-à-dire à l'acte de transformation de la matière. Aujourd'hui, cette valorisation est surtout associée à des facteurs qui caractérisent la nouvelle économie, c'est-à-dire la commercialisation de produits et de services dont la valeur ajoutée réside de plus en plus dans l'innovation, l'image de marque et la distribution.

Pour la créativité, intimement liée à l'intelligence et génératrice de l'invention et de l'innovation, la notion du temps ne constitue pas une variable d'évaluation. La durée nécessaire pour créer, durée aléatoire, a remplacé celle qui est nécessaire pour produire, durée déterminée. Le rendement de l'employé et la productivité du travail, à l'usine ou au bureau, sont de moins en moins liés à la mécanique des tâches exécutées en séquences. De quantitatives, les relations temps/travail sont devenues qualitatives.

Cette émergence rapide des technologies de l'information a transformé le paysage des économies industrialisées, qui deviennent de plus en plus tributaires du savoir. Le savoir est le ferment de cette économie nouvelle. Les investissements intellectuels augmentent beaucoup plus rapidement que les investissements physiques. Les entreprises et les organisations qui possèdent un contenu en savoir plus élevé connaissent un meilleur rendement. Les pays qui sont dotés d'un stock de connaissances plus imposant sont plus productifs et plus concurrentiels, et les individus qui ont acquis plus de connaissances et qui sont donc professionnellement plus qualifiés décrochent des emplois mieux

Regroupement d'industries selon leur niveau de savoir

Niveau élevé	Niveau moyen	Niveau faible
Matériel scientifique et professionnel	Textiles	Pêche et piégeage
	Communications	Bois
Matériel de communications	Papier et produits connexes	Meubles et articles d'ameublement
Autres équipements électroniques	Mines	Transports
Informatique et services connexes	Caoutchouc	Agriculture
	Ingénierie et services	Vêtement
Machines de bureau scientifiques	Commerce de détail	Cuir
Services éducationnels	Automobiles et pièces d'auto	Services d'hébergement et de restauration
Produits pharmaceutiques et médicaux	Matières plastiques	
	Aliments, boissons et tabac	Abattage et foresterie
	Impression et édition	
	Construction	

rémunérés. Dans le tableau de la page précédente figure la classification, retenue par plusieurs analystes, notamment ceux d'Industrie Canada, de certaines industries selon l'intensité du savoir.

Des données empiriques de l'étude *Performance de l'emploi dans l'économie du savoir*[3] montrent que l'économie canadienne, par exemple, est dynamique et devient de plus en plus innovatrice, c'est-à-dire qu'elle se fonde sur une densité élevée de qualifications professionnelles. Par ailleurs, l'emploi dans l'économie canadienne s'est manifestement déplacé pour s'orienter vers des industries à fort contenu de savoir ; cette transformation est devenue perceptible à compter du début des années 1970.

Depuis au moins 1971, la croissance de l'emploi a été systématiquement plus élevée dans les industries à fort contenu de savoir que dans celles où la concentration de savoir était moyenne. Par exemple, le taux annuel de croissance de l'emploi, dans les industries à forte intensité de savoir entre 1971 et 1991 a été presque deux fois et demie plus élevé que celui des industries à faible concentration de savoir. Le tableau suivant illustre bien l'importance relative de l'emploi dans les industries à forte densité de savoir pendant les 20 dernières années, c'est-à-dire depuis l'invasion des technologies de l'information.

**Parts de l'emploi selon le niveau
de concentration du savoir
de 1971 à 1991 (en %)**

	1971	1981	1986	1991
Concentration élevée	10,7	13,0	13,8	15,4
Concentration moyenne	43,6	40,8	39,8	39,7
Concentration faible	45,7	46,2	46,4	44,9

---

3. Industrie Canada, document de travail n° 14, *Performance de l'emploi dans l'économie du savoir,* décembre 1996.

Le tableau suivant traduit les résultats en termes de créations d'emploi de 1986 à 1991.

Intensité du savoir et création d'emploi de 1986 à 1991

Intensité du savoir	Part de l'emploi total (en %)	Créations d'emploi	Proportion du total des créations (en %)
Élevée	15,4	229 888	41
Moyenne	39,7	216 220	38
Faible	44,9	120 019	21
Total	100,0	566 127	100

Ce tableau montre que les industries à forte concentration de savoir ont contribué beaucoup plus à la croissance de l'emploi que les industries à moyenne et à faible intensité de savoir.

Quant à l'incidence de cette nouvelle économie sur les travailleurs, il semble que l'importance accrue des connaissances corresponde au changement qui s'est produit dans la structure de la demande en main-d'œuvre. En effet, la proportion des cols blancs dans l'emploi total est passée de 53,4 % en 1971 à 68,3 % en 1995, alors que celle des cols bleus a chuté de 46,6 % à 31,7 % au cours de la même période[4]. L'augmentation de la représentation des cols blancs était attribuable en majeure partie à une hausse de la proportion des cols blancs hautement spécialisés, c'est-à-dire des cadres, des emplois spécifiques, des professionnels, des techniciens et des superviseurs[5].

Tout en redessinant le visage de la main-d'œuvre, cette révolution des technologies de l'information a du même

---

4. Développement des ressources humaines Canada, « Tendances de l'emploi au sein de l'économie de l'information », *Bulletin de la recherche appliquée,* vol. 3, nᵒ 2, été-automne 1997.

5. Développement des ressources humaines Canada, « Nouvelles technologies et évolution des qualifications », *Bulletin de la recherche appliquée,* vol. 2, nᵒ 2, été-automne 1996.

souffle fait disparaître du jour au lendemain plusieurs métiers et professions. Adieu aussi à ceux et celles qui les exerçaient, notamment dans les industries de l'imprimerie, du textile, des télécommunications, de l'automobile ou des pâtes et papiers, pour n'en nommer que quelques-unes. General Motors, par exemple, entre 1990 et 1993, a supprimé 100 000 emplois, et Union Carbide est passée de 110 000 employés en 1984 à 10 000 en 1994. Ces réductions radicales de personnel sont les conséquences directes de l'invasion des technologies de l'information.

Dans les secteurs primaire et secondaire, lorsqu'on parle de nouvelles technologies, on se réfère habituellement à la robotique, aux machines-outils à commande numérique et aux industries qui fonctionnent selon le processus continu, c'est-à-dire la bonne vieille chaîne de montage et le procédé mécanique.

Les microprocesseurs sont aussi à la source de machines hybrides qui allient le système mécanique au contrôle par ordinateur.

Dans le secteur tertiaire, l'informatisation traditionnelle et la micro-informatique alliées aux nouvelles technologies de l'information font apparaître des équipements de plus en plus perfectionnés qui, lorsqu'ils forment un tout intégré, viennent chambarder de fond en comble l'organisation du bureau, du central téléphonique, de l'épicerie, de la banque, de l'hôpital ou de toute organisation de services. La plupart du temps, ces changements sont accompagnés ou suivis d'une réorganisation parfois radicale du travail, ainsi que de changements administratifs significatifs qui viennent compléter la rationalisation recherchée dans la gestion de la production et du personnel.

Ainsi, une enquête de la Fédération des travailleurs du Québec auprès de ses délégués a permis de signaler plusieurs industries qui ont subi des changements considérables à cause de l'introduction de la technologie[6]. Le nombre des

---

6. FTQ, *Rapport synthèse des ateliers,* Colloque sur les changements technologiques, 1985.

métiers qui ont disparu au cours des deux dernières décennies est considérable. Les résultats de cette enquête révèlent que de nombreux métiers, exercés dans de multiples industries, n'existent tout simplement plus.

L'introduction des machines-outils à commande numérique, tels, par exemple, les tours, fraiseuses et perceuses, a été un élément important dans l'automatisation de la production. Elles sont programmables et peuvent fabriquer, indéfiniment, les pièces mécaniques d'un type donné. Elles sont plus rapides que les machines conventionnelles, car, d'une part, elles peuvent supporter plus d'outils et, d'autre part, elles peuvent effectuer plusieurs opérations sur un même montage. L'arrivée de ce type de machine a radicalement changé la fonction du machiniste en celle de contrôleur de la qualité des pièces choisies par la machine.

Le passage du métier de machiniste à celui de contrôleur est également la conséquence de l'introduction de la technologie du processus continu. On retrouve en effet cette technologie dans la pétrochimie, les cimenteries et les produits pharmaceutiques, parmi bien d'autres. Il s'agit de la transformation des matières premières, souvent fluides, en produit fini, sans intervention humaine.

Cette transformation se fait donc selon un processus en plusieurs étapes et c'est le machiniste qui s'en voit encore attribuer la fonction de contrôle. On retrouve le même scénario dans les usines de textile.

Dans les imprimeries, les changements ont débuté au milieu des années 1960 et, en 30 ans, presque tous les métiers de cette industrie ont disparu : typographes, linotypistes, clicheurs, etc. L'informatisation de la composition du journal a transformé des ouvriers de métiers en opérateurs de clavier.

Ainsi, les modernisations opérées dans ces secteurs ont entraîné un déplacement de l'emploi, c'est-à-dire la disparition de métiers traditionnels exigeant peu de qualifications au profit de nouveaux emplois fondés sur l'utilisation du savoir, notamment les technologies de l'information. En effet, d'avril 1995 à mars 1996, l'emploi dans les industries axées sur les technologies de l'information a augmenté considérablement, tandis qu'il a régressé dans celles qui font peu appel à de telles technologies. Quelque 850 000 emplois ont été créés dans les premières pendant qu'on en supprimait 146 000 dans les secondes. En pourcentage, l'emploi s'est accru de 12,5 % dans les industries fortement axées sur la haute technologie alors qu'il diminuait de 8,9 % dans celles qui l'utilisent peu[7].

Si de nombreuses fonctions ont disparu, plusieurs nouveaux métiers sont par ailleurs apparus et continuent de naître tous les jours. Certains s'installent plus à demeure que d'autres qui vivront quelquefois le temps d'une génération technologique. Et le temps de ces générations raccourcit de plus en plus. Pendant la décennie 1980, par exemple, 21 millions d'emplois ont été créés aux États-Unis, particulièrement dans les nouvelles industries reliées surtout aux services et aux technologies de l'information et de la communication.

Au Canada, par exemple, ces industries ont connu un développement qui tient du phénomène, particulièrement au cours des dernières années. Qu'il s'agisse d'ordinateurs personnels, de satellites, de fibres optiques ou autres équipements de télécommunications, de cédéroms ou de jeux électroniques, ces industries appellent, avec la révolution des technologies de l'information, de nombreux changements dans la structure de l'emploi. Dans l'ensemble, cette main-d'œuvre appartient à des métiers qui exigent une forte concentration de savoir et de créativité, notamment les métiers d'ingénieur, d'analyste, de technicien et de superviseur[8]. Jetons un rapide coup d'œil sur ces industries de l'ère nouvelle.

Dans les télécommunications, par exemple, le développement des réseaux optiques et la transmission des données

---

7. Gouvernement du Canada, *Rapport du comité consultatif sur le milieu du travail en évolution,* 1997.

8. Développement des ressources humaines Canada, «Changement structurel et emploi Canada: le savoir prime», *Bulletin de la recherche appliquée,* vol. 2, n⁰ 2, été-automne 1996.

numériques ont permis de propulser le développement de l'industrie des équipements de communication et d'autres composantes électroniques. Ce secteur connaît une croissance considérable depuis le lancement de la téléphonie cellulaire, l'arrivée de la commutation numérique de la voix et des données, et l'essor extraordinaire d'Internet. De multiples nouveaux métiers se sont greffés à cette industrie moteur de l'économie.

Dans le secteur de l'informatique, la fabrication d'équipements d'instrumentation et de productique ainsi que la fabrication de logiciels ont connu un développement foudroyant. En 1994, un travailleur sur deux faisait usage d'un ordinateur au bureau. De plus, le développement des logiciels de traitement de texte et de comptabilité a permis de relancer d'autres nouveaux emplois, notamment celui de secrétaire ou «technicienne de bureau». Le secrétariat ouvrira quelque 2000 nouveaux emplois au Québec, entre 1994 et l'an 2000[9].

Il est à croire que l'expansion de ces deux secteurs seulement entraîne incontestablement une forte croissance de l'emploi qui constitue en elle-même le moteur du développement des technologies de l'information. C'est sur ces dernières industries qu'est venu se greffer le multimédia qui réunit au moins deux formes de contenu – textes, voix, données, graphiques, image et vidéo – sur un support électronique – disque dur, cédérom, disque vidéo numérique, site web, Internet, intranet et terminaux interactifs. Le multimédia regroupe les entreprises de publicité, de câblodistribution, de production audiovisuelle, de cinématographie, de télévision, de postproduction, de radiodiffusion, d'édition, de services techniques et de distribution. Au Québec seulement, le multimédia fournit 70 000 emplois et génère quelque 10 milliards de dollars en activité économique[10].

Les nouveaux métiers qui envahissent ces industries de l'ère nouvelle sont intimement reliés au savoir et à la créativité.

---

9. «Les jobs de l'an 2000», *Affaires Plus,* vol. 99, n° 3, avril 1994.
10. «Les faits marquants de 1997», *Affaires Plus,* vol. 99, n° 12, décembre 1997.

Le robot de l'ère industrielle était un homme mené par la machine ; celui de l'ère de la créativité dans laquelle nous entrons est une machine menée par l'homme. Le vrai robot qui s'est levé et qui a pris la relève de celui qui s'abrutissait sur les chaînes de montage des usines ou dans les bureaux, celui-là est une machine qu'on programme, qu'on invite à penser, qui exécute parfaitement ce qu'on lui demande et avec plus de rapidité. Cette révolution a ouvert la porte aux transformations perpétuelles, aux renouvellements rapides, à l'imprévisible, à la circulation en réseaux de l'information, à la croissance des interrelations et interdépendances, à l'aléatoire de la durée du travail, au savoir indispensable et à la créativité. Voilà bien des caractéristiques et des attributs que l'on trouve dans la nature chez les organismes vivants et les êtres pensants, et des processus qui varient, changent et se renouvellent au gré des besoins et au rythme de l'évolution.

Si les technologies de l'information ont augmenté la productivité, ont bouleversé la notion même du travail et nous invitent à adopter un nouveau mode de vie, la révolution des communications a fait exploser les rampes d'accès à la connaissance et au savoir.

LE MENU À LA CARTE REMPLACE LA TABLE D'HÔTE

L'information qui répand les connaissances et le savoir circule maintenant à des vitesses vertigineuses à travers des réseaux qui se ramifient sans cesse. Au seuil de l'an 2000, le commun des mortels jouit d'un beaucoup plus grand nombre de rampes d'accès à la connaissance que son ancêtre du début du siècle.

S'échelonnant sur une plus longue période, les technologies qui ont favorisé la croissance des multiples moyens de diffusion et l'ampleur des échanges qui en ont résulté, ces technologies ont entraîné, au même titre que l'informatique, les bouleversements que nous vivons en cette période de transition qu'on appelle l'âge de l'information.

Pensons un instant à l'avènement du téléphone, de la radio, de la télévision, du transistor, de la puce et, surtout, à l'essor fulgurant des télécommunications qui occupent le cœur même de cette révolution des communications.

La transmission et la commutation numériques de l'information ont eu l'effet d'une onde de choc. Les bits circulent à la vitesse de la lumière et l'information n'a pour ainsi dire plus de consistance matérielle. Le savoir, qui se transmettait principalement à la verticale, circule maintenant à l'horizontale. Il vient de moins en moins d'en haut et de plus en plus d'à côté. Et « à côté » peut vouloir dire à des dizaines de milliers de kilomètres, et même plus encore. L'univers des frontières est remplacé par celui des réseaux transparents. Internet en est l'exemple le plus spectaculaire. Les communications de masse, de nature mécanique, où tous et chacun se retrouvent les yeux rivés devant le même écran ou le même quotidien à grand tirage, font place de plus en plus à la rencontre intime, de nature organique, de l'internaute avec un diffuseur qu'il choisit et avec lequel il peut même dialoguer.

Les bits peuvent s'agglomérer, se détacher en se regroupant, circuler en bandes ou se propager sous de multiples formes. Elles communiquent la voix, l'image et les données. Le multimédia, le dernier-né et l'enfant chéri de la communication actuelle, illustre assez bien les propriétés multifonctionnelles des bits en mouvement. Il réunit l'audiovisuel, le langage écrit et l'informatique auxquels s'ajoutent, pour la diffusion et les ramifications, les télécommunications. Ces bits d'information toujours en mouvement dans des réseaux interconnectés et interdépendants, ressemblent, comme les individus qui les génèrent, à des cellules vivantes, lesquelles ont aussi des propriétés où prédominent l'échange, l'interaction, l'impulsion et la transmission.

Le temps et l'espace n'ont plus la même signification. Je peux choisir d'accéder à l'information désirée à l'heure ou à la minute qui me convient. Le temps réel et le lieu de la transmission ne sont plus contraignants, ils sont insignifiants. Comme pour le téléphone cellulaire, le lieu de la réception n'a pas d'adresse civique. L'espace/temps n'est plus tangible et palpable. Les communications bougent dans toutes les directions au gré de l'offre et de la demande, imprévisibles et sans tour de contrôle.

Deux des principales caractéristiques du monde vers lequel nous glissons rapidement seront sa dimension organique et sa propension à se développer naturellement selon les besoins des individus et des collectivités. Internet, le réseau des réseaux, est l'enfant prodige de cet âge nouveau. C'est le boulevard principal des inforoutes que l'on ouvre partout à grande vitesse. La croissance exponentielle de ce réseau relève du phénomène et fait penser justement au système ouvert des cellules vivantes. L'analogie n'est pas fortuite.

Internet n'a rien, par exemple, d'un ordinateur ou d'un radiodiffuseur qui appartiennent au monde mécanique. Le premier refuse l'initiative et attend la directive, et le second transmet de façon unidirectionnelle sans possibilité de réponse. Chez les branchés d'Internet, tous et chacun, et en même temps, jouent à la fois les rôles de récepteurs et de transmetteurs. En outre, rien dans Internet n'est lié à un point central ou à un centre de direction. Son développement ainsi que son fonctionnement échappent à tout contrôle. Il est une forme de *free-for-all* organisé. Pour celui qui ne peut rien imaginer sans perdre de vue les notions de contrôle et de centralisation, Internet baigne dans l'anarchie la plus pure. Il se comporte en somme comme la nature ou l'être humain, ou bien comme un système organique perdu dans un univers mécanique où l'on se méfie de tout développement imprévisible, spontané et incontrôlable.

L'évolution extrêmement rapide et la croissance explosive des canaux de communication ont transformé complètement les rapports d'influence entre les individus. Jusqu'à la fin des années 1950, les modèles qui véhiculaient les valeurs morales et qui influençaient les comportements se trouvaient à portée de voix. La frontière avait les contours de la paroisse ou de la cité. Aujourd'hui, elle épouse ceux de la planète. Les porte-flambeaux de la morale s'appelaient curé, professeur ou philosophe. Maintenant, avec la communication planétaire, des artistes renommés comme Madonna ou Elton John, ou encore des vedettes sportives adulées ont remplacé les anciens guides moraux. De nouveaux modèles naissent et sont reconnus tous les jours. La multiplicité de ces modèles et des valeurs qu'ils charrient a rendu caduc l'attrait de la morale traditionnelle. Ce sont non seulement nos façons de faire qui ont évolué rapidement et parfois changé radicalement, mais aussi nos manières de vivre et de penser.

La vitesse de l'évolution enclenchée par le mariage des technologies de l'information et des communications a transformé un monde mécanique, plus prévisible, empreint d'automatismes et d'une stabilité relative, en un monde organique qui se transforme constamment, toujours plus vite, et qui cultive l'inattendu, la spontanéité, l'imprévisibilité, le déséquilibre et l'adaptabilité. Dans ce monde nouveau, on assiste à une explosion d'interactivités et d'interdépendances entre les individus qui, par-delà les réseaux de plus en plus mouvants et performants, ont la capacité d'acquérir, de transformer et de diffuser le savoir. Même si on peut prévoir plus ou moins le comportement d'un ou de plusieurs de ces individus ou d'organisations données, leur situation de mise en réseau et l'interactivité qui l'accompage les rendent imprévisibles, c'est-à-dire que nous basculons dans le monde de l'aléatoire et du chaos. Au cœur de ce changement, c'est la notion de contrôle qui encaisse le coup. L'évolution éclate dans tous les sens, et si rapidement qu'il est devenu presque impossible d'élaborer des procédés d'inspection et de vérification, et, dès lors, d'en contrôler le développement.

LES PLANTES VIVACES

Une troisième révolution se faufile au cœur de ce bouillonnement déchaîné par l'invasion des technologies de l'information et l'explosion des communications.

Avec l'essor et le développement rapide des sciences de la génétique ainsi que celui de la biologie humaine, la durée de vie s'allonge substantiellement. On peut appeler ça la bio-ingénierie. On manipule la matière vivante en utilisant les principes d'ingénierie et on modifie la nature. Les sciences médicales et pharmaceutiques fournissent des outils de plus en plus efficaces pour maintenir plus longtemps en santé les individus et les collectivités. En somme, nous nous trouvons devant une situation unique dans l'histoire. Les sociétés seront désormais composées d'individus plus productifs, plus instruits et investis d'une espérance de vie de plus en plus longue.

Depuis le début de notre siècle, nous savons que la durée de vie moyenne dans les pays occidentaux s'est allongée de près de 35 ans. Cette progression s'explique par la baisse de la mortalité à tous les âges. Mais on note une baisse dans une proportion plus importante surtout aux périodes du début et de la fin de la vie où le taux de mortalité était jadis très élevé : l'enfance et la vieillesse. Voyons comment, au Canada, depuis 1920, l'espérance de vie a évolué.

Évolution de l'espérance de vie au Canada depuis 1920

Années	Espérance de vie
1920-1922	59 ans
1930-1932	61 ans
1940-1942	65 ans
1950-1952	69 ans
1960-1962	71 ans
1970-1972	73 ans
1980-1982	75 ans
1990-1992	78 ans
1992-1995	78 ans

Source : *Statistique Canada*

L'espérance de vie a donc connu, depuis 1920, une croissance soutenue d'une moyenne de 3,93 % tous les 10 ans. Cela correspond à un gain moyen de plus de deux ans et demi par décennie. Ainsi, en 75 ans, la population du Canada a gagné

19 ans d'espérance de vie, ce qui correspond à une croissance de ce taux de 32,2 %.

Outre le Canada, plusieurs autres pays industrialisés connaissent également une évolution constante de l'espérance de vie.

Espérance de vie : données comparatives de quelques pays

	Espérance de vie 1985-1990	Espérance de vie 1990-1995
États-Unis	75 ans	77 ans
France	75 ans	78 ans
Grande-Bretagne	74 ans	77 ans
Japon	77 ans	80 ans

Ce tableau indique que ces pays ont connu durant la décennie 1985-1995 un taux de croissance d'environ de 3,6 %.

Source : *Statistique Finlande*

Aujourd'hui, l'espérance de vie à 60 ans croît autant que l'espérance de vie à la naissance. Le nombre de personnes âgées de 60 ans va croître rapidement et, comme ces personnes vivront de plus en plus longtemps, cette tranche d'âge, 60 ans et plus, augmentera rapidement, particulièrement en proportion des adultes de 20 à 59 ans. Regardons comment, dans quelques pays industrialisés dont le Canada, les 60 ans et plus sont devenus plus nombreux, entre 1950 et 1995, proportionnellement à l'ensemble de la population.

Proportion des 60 ans et plus dans la population (en %)

	1950	1955	1960	1965	1970	1975	1980	1985	1990	1995
Canada	11,03	11,08	10,70	10,94	11,36	12,32	13,27	14,57	15,47	15,87
Japon	7,70	8,08	8,86	9,64	10,60	11,70	12,86	14,77	17,41	22,22
États-Unis	12,15	12,87	13,19	13,43	14,04	14,86	15,74	16,52	16,78	16,45
Grande-Bretagne	15,52	16,18	16,86	17,58	18,65	19,62	20,15	20,67	20,70	20,24

Source : *The Sex and Age Distribution of the World Population,* Nations-Unies, 1994.

D'après les chiffres indiqués sur le tableau de la page précédente, la population canadienne des 60 ans et plus croît d'une manière continue depuis 1960. En effet, le taux de croissance moyen durant la période 1960-1995 est d'environ 6 %. On peut cependant dire que cette population a augmenté de 40,4 % depuis 1950. Durant la même période, certains pays comme la France, la Grande-Bretagne ou les États-Unis ont approximativement connu la même évolution : respectivement 22,34 %, 30,4 % et 35,39 %. Par ailleurs, le Japon vit, depuis 1950, au rythme d'un vieillissement de la population relativement spectaculaire. Comme on peut le remarquer sur ce tableau, la proportion des 60 ans et plus dans la population a plus que triplé en 45 ans. En effet, au Japon, cette population a augmenté de 188,57 %.

Et quelle sera cette proportion des 60 ans et plus dans un avenir rapproché ? Le tableau qui suit révèle que, dans ces cinq pays, cette proportion atteindra partout au moins le quart de l'ensemble de la population.

Estimation de l'évolution de la proportion des 60 ans et plus dans la population (en %)

	2005	2015	2025	2035
Canada	17,09	21,10	25,69	27,07
Japon	24,98	30,21	31,84	34,95
États-Unis	16,79	20,33	24,23	25,70
France	20,56	24,33	27,67	29,83
Grande-Bretagne	20,37	22,80	26,07	28,59

Source : *The Sex and Age Distribution of the World Population,* Nations-Unies, 1994.

D'après les estimations des Nations-Unies, la proportion des 60 ans et plus dans la population va croître à une vitesse vertigineuse d'ici l'an 2035. Ainsi, au Canada, la période 2000-2035 va connaître un accroissement des 60 ans et plus de l'ordre de 67,31 %. Ce qui veut dire que dans les 35 prochaines années, le taux de croissance de cette population sera beaucoup plus élevé qu'au cours de la période allant de 1950 à 1995. Même chose pour la France, les États-Unis et la Grande-Bretagne, où l'augmentation de cette population sera respectivement de l'ordre de 46,95 %, de 57,77 % et de 42,45 %. Seul le Japon connaîtra une baisse de cette croissance qui se fixera autour de 56 %.

Cette évolution qui permet à l'être humain de vivre plus longtemps ne résulte pas exclusivement de l'avancement de la médecine, mais aussi du progrès fulgurant de la pharmacologie et de l'agriculture. Pendant les 20 dernières années, le nombre de médicaments mis en marché et vendus en pharmacie a augmenté considérablement.

Bien qu'elle ne soit pas une nouvelle venue dans l'industrie pharmaceutique, la biotechnologie, sous sa forme actuelle, a permis des avancées considérables dans le domaine des soins de santé. Le développement de l'industrie pharmaceutique permet de traiter des maladies demeurées, jusqu'à un passé récent, incurables. Ainsi, la biotechnologie a produit plusieurs formes recombinées d'hormones naturelles humaines qui misent sur les mécanismes naturels de défense du corps humain pour le traitement des divers troubles et maladies. Examinons de plus près quelques réalisations remarquables qui participent à la hausse de l'espérance de vie.

De grandes percées ont été accomplies pour vaincre le cancer. Tout récemment, une recherche franco-américaine a fait naître un grand espoir, celui d'asphyxier la tumeur parasite en l'empêchant de créer le réseau vasculaire dont elle a besoin pour vivre et se développer. Ainsi, il y a 15 ans, une femme atteinte d'une tumeur du sein de 3 centimètres subissait systématiquement l'ablation de son sein. Aujourd'hui, la chimiothérapie première lui permet d'éviter l'ablation. D'ailleurs, désormais, un cancer du sein sur deux peut être guéri. Même si la victoire thérapeutique reste inégalement répartie parmi les divers types de cancer — le taux de guérison de la maladie de Hodgkin est de 98 % alors que, pour le cancer du pancréas, il n'est que de 5 % —, il n'en reste pas moins qu'il y a eu une diminution du taux de mortalité du cancer du sein de 5 % entre 1989 et 1993, et, pour le cancer du rectum, de 17 % entre 1973 et 1992.

Nous disposons aujourd'hui de « marqueurs tumoraux ». Ce sont des substances synthétisées par les tissus cancéreux, puis libérées dans la circulation sanguine. Ces substances constituent, en quelque sorte, la signature de la maladie et permettent, en cas de soupçon, de la détecter précocement. Ces marqueurs tumoraux concernent, aujourd'hui, les cancers du sein, de la prostate, des bronches et de l'estomac. Ainsi, ces marqueurs permettent non seulement la confirmation d'un diagnostic précoce, mais aussi le suivi de l'évolution de la maladie, l'efficacité du traitement et la détection d'éventuelles rechutes.

Depuis 1960, le nombre de décès dus au cancer chez les enfants a chuté de 62 %. En 20 ans, pour le cancer des os, le taux de guérison est passé de 15 % à 75 % et, pour la leucémie, de 30 % à 80 %.

Contre le diabète, le développement de la biotechnologie moderne a permis la découverte de l'insuline humaine recombinée. C'est un médicament sécuritaire, efficace et complet pour les diabétiques.

Même si la période qui couvre la recherche, le développement, la production et l'arrivée d'un médicament en pharmacie n'a pas réellement changé depuis longtemps, il faut prendre en compte que le nombre des médicaments a considérablement augmenté, et ces médicaments traitent beaucoup plus de maladies[11].

La maîtrise de l'A.D.N. ainsi que la manipulation de l'environnement et de la nature sont parmi les fers de lance de la révolution biologique en marche. Révolution dont le progrès et l'évolution rapide sont entre autres justement attribuables

---

11. « Diabète : les gènes qui changent tout », *Le Nouvel Observateur,* nᵒ 1675, 1996 ; « Oui, le cancer recule », *Le Nouvel Observateur,* nᵒ 1681, 1997 ; « Les milliards du bonheur business », *Le Nouvel Observateur,* nᵒ 1750, 1998 ; « Introduction », *Pour la science,* nᵒ 229, novembre 1996 ; « Recherche fondamentale : une occasion ratée de créer des emplois », *Le Devoir,* 15 octobre 1997 ; « L'industrie du médicament au Québec », *Le Devoir,* 5 avril 1997 ; « Le biomédical se distingue », *Le Devoir,* 18 octobre 1997 ; « Des traitements de pointe », *Le Devoir,* 4 avril 1998.

d'une part aux technologies informatiques – qui permettent le stockage de l'information et accélèrent l'analyse des données –, et d'autre part aux réseaux de communications – qui multiplient les partages de connaissances et, par le fait même, favorisent l'avancement et l'éclosion d'une pensée nouvelle.

La biotechnologie, c'est la robotique vivante. Nous nous trouvons devant un nouveau paradigme technologique, un nouveau modèle de référence. On passe de l'exploitation de la matière inerte, tels l'énergie, les substances chimiques ou les matériaux, exploitation qui a caractérisé la révolution industrielle et même la révolution agricole qui l'a précédée, à l'exploitation du monde vivant que l'on connaît et que l'on modifie à l'intérieur. Nous savons que ce n'est pas d'aujourd'hui que l'homme utilise la matière vivante, mais avec la biotechnologie, c'est un pas décisif qui est franchi, une vraie rupture. On peut maintenant modifier l'intérieur du vivant par transfert de gènes et par reprogrammation génétique. On peut faire dévier l'évolution d'un organisme vivant et en changer le profil. À la révolution industrielle où l'on a vu l'homme mettre à son service des « esclaves mécaniques » pourrait succéder une forme de biorévolution avec ce que l'on appelle déjà les « bactéries esclaves de l'homme » ou les « microbes ouvriers ».

C'est surtout en agriculture que la biotechnologie s'est illustrée au cours des trois ou quatre dernières décennies. La manipulation génétique d'une multitude de fruits et de légumes a permis d'améliorer la qualité et d'augmenter la quantité de plusieurs de ces produits de la terre, et même d'en modifier l'aspect, la forme et les saveurs. La manipulation génétique est ainsi le fer de lance de la biotechnologie.

La transplantation des gènes dans d'autres organismes, mieux connue sous le nom de « génie génétique » ou de « technologie de l'A.D.N. recombinant », est la dernière-née des techniques de la biotechnologie. Le génie génétique se conjugue désormais aux techniques classiques de sélection pour produire plus rapidement, et de façon plus précise, de nouveaux aliments et de nouvelles variétés végétales et animales. Là où les méthodes classiques de sélection exigent une vingtaine d'années pour stabiliser une nouvelle semence ou une nouvelle race, quatre ou cinq ans suffisent avec le génie génétique. Par ailleurs, celui-ci permet aux agriculteurs d'obtenir des rendements plus élevés et ainsi de garantir une production supérieure d'aliments pour répondre à la demande mondiale croissante. Le génie génétique est d'abord au service de l'homme.

En agissant directement sur les gènes, les scientifiques mettent au point de nouvelles variétés végétales résistant aux maladies et aux ravageurs et d'autres qui seront mieux armées contre le froid, la sécheresse et autres formes d'agressions environnementales. On améliore ainsi considérablement les cultures. On obtient des aliments perfectionnés pour la consommation humaine, depuis la pâte à lever rapide ou les nouveaux procédés de clarification des jus de fruits et du vin, jusqu'aux édulcorants hypocaloriques, en passant par les céréales plus nutritives et les viandes plus maigres. En outre, la biotechnologie peut contribuer à améliorer la santé et la nutrition des animaux. Elle permet aussi de créer pour le bénéfice des producteurs agricoles toute une gamme de produits biologiques et antiparasitaires ainsi que des engrais qui remplacent les traditionnels produits chimiques, moins respectueux de l'environnement. De plus, elle crée de toutes pièces de nouveaux aliments[12].

Plusieurs végétaux transgéniques ont déjà fait leur apparition. Par exemple, le riz qui résiste parfaitement à la bactériose, maladie bactérienne dévastatrice qui sévit en Afrique et en Asie[13], et la création de clones de bananiers où, à partir d'un seul plant, on peut produire des centaines de milliers de plantes jumelles[14].

Tous ces développements rapides améliorent la condition de l'être humain et allongent son espérance de vie. Mais

---

12. « La biotechnologie appliquée à l'agriculture : matière à reflexion », l'Agence canadienne d'inspection des aliments.
13. « Génie génétique », *L'Hebdo,* n° 49, 1996.
14. « La banane clonée », *Le Point,* n° 1328, 28 février 1998.

il faut reconnaître que cette évolution comporte des risques sur les plans économique et social. Le prolongement de la durée de la vie n'implique pas que des avantages. Qu'il suffise de penser aux effets pervers de l'augmentation exponentielle de la population mondiale. On risque de saturer l'économie et surtout d'alourdir la prise en charge par la collectivité d'une population croissante d'inactifs.

Nous savons que déjà, en moins de deux décennies, des centaines de milliers de travailleurs ont été évincés par des technologies plus productives et plus performantes. Et la très grande majorité de ces chômeurs sont loin d'avoir atteint l'âge vénérable de la retraite.

On avait établi, il y a déjà bien longtemps, qu'un travailleur cessait d'être productif à l'âge de 65 ans. Dans la plupart des pays industrialisés, les régimes de pension et de retraite cautionnaient cette présomption et les employeurs, privés et publics, suivaient le même courant. Il faut admettre que la réalité est bien différente aujourd'hui. Les retraités sont plutôt dans la force de l'âge, aux alentours de la cinquantaine. Les régimes d'assurance-emploi et d'assurance-maladie et toutes les autres bouées de sauvetage sociales n'ont pas été conçues à partir de paramètres d'espérance de vie aussi longue que celle dont nous bénéficions aujourd'hui. Et on nous prédit encore des jours meilleurs.

Mais une grande difficulté point alors à l'horizon. Nos régimes de sécurité sociale pourront-ils, dans quelques décennies, répondre aux besoins d'une population qui, comme nous l'avons vu plus haut, comprend une proportion considérable de personnes âgées ? Dans les pays industrialisés, l'évolution démographique des populations n'est pas compatible avec les systèmes sociaux tels que nous les avons constitués.

Le président des États-Unis, Bill Clinton, a ouvert, le 7 avril 1998, le débat sur la sécurité sociale[15] par une

---

15. « Excerpts from the Discussion about Social Security », *New York Times,* 8 avril 1998.

déclaration où il a affirmé que cette réforme peut se réaliser sans qu'augmentent les charges sociales qui financent le système de retraite. Il prévoit un déficit financier auquel fera face la sécurité sociale dès lors que la génération des *baby-boomers,* qui représente quelque 76 millions d'Américains, sera à la retraite au cours des prochaines décennies. Le président prend acte publiquement de la caducité du système actuel. Il propose, entre autres, des mesures pour augmenter la solvabilité de la sécurité sociale. Il envisage notamment de réduire les avantages sociaux, de fixer l'âge de la retraite à 67 ans, de percevoir l'impôt sur les bénéfices des riches et d'utiliser le surplus du budget fédéral.

En France aussi, le problème de l'avenir du système de sécurité sociale est inquiétant. Jacques Delors, observateur et critique éclairé de la politique et de l'économie françaises, écrivait en août 1998 : « Notre pays doit, en effet, profiter de ce cycle d'expansion (économique) pour accélérer le rythme des réformes afin de répondre au double défi de la mondialisation à l'extérieur et du chômage à l'intérieur. La durée de la période d'expansion en dépend, mais aussi notre capacité à résoudre le grave problème que pose une évolution démographique défavorable à nos systèmes de Sécurité sociale : ne pas faire peser des charges insupportables aux générations qui seront en âge de travailler à partir de 2010[16]. »

Avec une espérance de vie plus longue, entretenue par les progrès fulgurants de la biologie et de la médecine, une partie de plus en plus importante de la collectivité des sans-travail est composée de jeunes retraités, informés, instruits et productifs. Et ils viennent gonfler la masse des exclus que les technologies ont en quelque sorte jetés dans la rue. Nous vivons donc dans une situation de crise profonde, lourde d'éléments, qui sont de toute évidence, explosifs.

---

16. Jacques Delors, « Plus loin, plus vite, au-delà de Maastricht », *Le Nouvel Observateur,* n° 1760, août 1998.

AU MILIEU DE LA TEMPÊTE

Il faut bien admettre que la combinaison de ces trois révolutions – technologies de l'information, communications et biogénétique – ou de ces grands courants accélère le déclin de l'ère industrielle et ouvre toute grande une nouvelle ère, celle de la créativité. Nous quittons les rives d'un monde mécanique composé d'organisations qui privilégient l'automatisme, la rigidité, le prévisible, la stabilité et surtout le contrôle, et naviguons vers un monde organique qui est amateur d'évolution constante, d'imprévisibilité, d'instabilité, de transformation perpétuelle, de spontanéité et surtout d'absence de contrôle et d'adaptabilité. Nous sommes actuellement entre les deux rives, dans une zone turbulente qu'on nomme l'âge de l'information. C'est une transition, un passage obligé.

On ne connaît pas encore en détail le visage de cette ère nouvelle dans laquelle nous entrons, ni comment les individus, les institutions, les entreprises et même les gouvernements devront exactement s'y ajuster. Mais plusieurs traits sont déjà assez clairement définis pour nous permettre d'en dresser un certain portrait.

∾

CHAPITRE II

Les symptômes du changement d'ère : les courants d'ère

Les symptômes de ce changement d'ère sont de quatre ordres. D'abord, la transition que nous vivons aujourd'hui repose sur la substitution d'une économie nouvelle fondée sur le savoir-faire à celle, actuelle, fondée sur le capital. Ensuite, la demande s'installe aux commandes de l'offre. On passe de la dictature de l'offre à ce que nous appellerons la démocratie de la demande. Troisièmement, la mondialisation des échanges multiplie à l'infini les canaux d'irrigation des biens et services qui circulent à l'échelle de la planète. Enfin, l'évolution, ayant atteint depuis longtemps sa vitesse de croisière, c'est-à-dire une cadence plus lente, dévale maintenant en cinquième, poussée par un élan et une accélération qui ne donnent aucun signe d'essoufflement. Cet élan est activé par la prolifération et la multiplication rapide d'idées nouvelles ou d'initiatives qui poussent en avant de plus en plus vite. Tout bouge à un rythme tel que bientôt un siècle ne va durer que 10 ans.

V'LÀ L'BON VENT

Aujourd'hui, les moyens d'acquérir la connaissance et le savoir ne sont plus le privilège des grandes organisations qui, autrefois, disposaient plus que les autres des moyens de se payer les indispensables ordinateurs et systèmes de communication. De nos jours, la quête de l'information et l'acquisition de la connaissance sont à la portée de tous. C'est un vent qui souffle de tous bords et à toute vitesse. La capacité de mémoriser, de traiter, de diffuser et surtout d'utiliser l'information appartient au commun des mortels. Cette démocratisation de l'accessibilité au savoir influence considérablement le développement de l'organisation.

Le savoir est la richesse première. Plus une société ouvre les portes du savoir, plus elle s'enrichit. En démocratisant l'accès à la connaissance, elle permet au plus grand nombre de participer à l'accroissement du patrimoine. Il ne faut pas s'y tromper, le capital humain est l'investissement qui offre le meilleur rendement. Et la richesse d'un pays est surtout tributaire de l'abondance et du foisonnement des connaissances de la collectivité. Par exemple, la quantité et l'accroissement de la richesse individuelle et collective dans la Chine actuelle découlent surtout d'une certaine ouverture des accès au savoir et d'une volonté d'en favoriser le partage.

Le savoir à l'état brut, c'est-à-dire celui qu'on n'a pas encore développé et qui n'a pas franchi l'étape de la mutation en savoir-faire, est comme une matière première en état d'incubation. Un travailleur employable, par exemple, qui peut exécuter une tâche donnée, est celui qui a été capable d'absorber le savoir et de le transformer en savoir-faire. Le savoir est générique et le savoir-faire spécifique. En d'autres mots, le travailleur qui possède le savoir est un généraliste, et celui qui dispose du savoir-faire est un spécialiste. Le premier sait ce qu'il faut faire, et le second comment le faire.

Cet accès au savoir constitue le fondement même du concept organique d'une société évolutive et dynamique. Tous peuvent utiliser leurs connaissances à l'intérieur d'un cadre déterminé par les nécessaires balises, elles aussi évolutives, qu'on appelle culture, éthique et morale. Le contraire d'une telle société, c'est-à-dire celle où l'accès au savoir est limité, nous plonge dans le prévisible et le stationnaire. L'ex-URSS, par exemple, entretenait des collectivités où l'accès au savoir était limité, et les balises coulées dans le bronze. Ces sociétés, plus mécaniques qu'organiques, et plus immobiles qu'évolutives, stagnent et s'asphyxient.

C'est cependant le partage des connaissances qui fertilise les champs de la créativité. Le savoir se développe en réseau. Il se répand et s'enrichit par l'échange. Le savoir individuel nourrit le savoir collectif qui à son tour augmente le savoir individuel de chacun des membres de la communauté. Et la roue tourne aussi rapidement que s'élargit le cercle des échanges. La créativité habite au cœur de ce processus. Plus l'accès à l'information et à la connaissance se libère et s'agrandit, plus la créativité s'épanouit et plus l'économie prospère.

La créativité est une cible mouvante. Elle circule dans l'univers de l'évolution, n'obéit pas seulement aux règles de l'engrenage logique de la pensée cohérente et s'alimente à même les réseaux avec lesquels elle est interconnectée. Sa dynamique évolutive favorise l'éclosion d'un nouveau savoir qui découle d'un échange provenant lui-même d'un contenu qui peut être un livre, une conversation, une émission de télévision, un opéra ou toute autre manifestation cognitive. Elle est le mouvement perpétuel des idées qui jaillissent, s'échafaudent, s'entrechoquent, et d'où surgit une étincelle, une nouvelle idée qui est projetée en avant pour reproduire un nouvel échange, et ainsi de suite. Le chaos d'explosion créative de Silicon Valley où règnent le changement, l'inconnu, l'innovation et l'inédit en est le parfait exemple.

Aujourd'hui, la créativité est l'agent prédominant de l'accroissement de la richesse, cette richesse qui reposait autrefois sur l'abondance des ressources naturelles pour ensuite trouver son assise dans la transformation des matières premières.

Maintenant, c'est la créativité qui est le nerf moteur de la richesse collective. Rappelons-nous qu'en 1996, par exemple, les entreprises de haute technologie ont assuré le tiers de la croissance du produit national brut des États-Unis.

C'est d'ailleurs aux États-Unis que bourgeonnent le plus grand nombre d'entreprises qui utilisent la créativité comme matière première. C'est dans ce pays que prospère une économie de « contenus » qui, de plus en plus, accapare la plus grande part du marché mondial. Pensons aux industries du cinéma et de la télévision qui ont investi les salles obscures du monde entier et pénétré dans les foyers des citoyens occidentaux et même de ceux de l'autre hémisphère, à tel point que plusieurs pays songent à limiter cette diffusion massive au nom de la protection culturelle. Toute l'industrie des logiciels, dont la croissance de développement apparaît sans limite, se trouve dans ce pays où l'on fabrique, en outre, presque en exclusivité, les éléments actifs de circuits intégrés pour les ordinateurs, les indispensables puces.

Fait plus éloquent encore, les services représentent actuellement les deux tiers de l'économie américaine. C'est en effet dans le secteur des services qu'on créera quelque 20 millions d'emplois au cours de la prochaine décennie. Cette société économique est composée principalement de créateurs de services, de fournisseurs de contenus, d'exploitants d'infrastructures de télécommunications et de fabricants de logiciels et d'autres équipements de communications. En plus de dominer le marché mondial des contenus audiovisuels – cinéma et télévision –, les États-Unis détiennent 75 % du marché mondial de logiciels. Toutes ces industries de services occupent une grande partie de l'espace économique de la nouvelle ère de la créativité.

Cette économie qu'on appelle nouvelle est donc nourrie et aussi conduite par la vivacité des impulsions créatives. Elle évolue rapidement, bouge toujours sans direction anticipée et réagit continuellement. Elle se comporte comme un organisme vivant, dynamique, à la recherche de stabilité ponctuelle, souple et capable de s'adapter. Elle est l'envers de l'organisation mécanique, toujours prévisible, centralisée, stable, inflexible, rigide et sous contrôle.

Si l'on examine attentivement le paysage économique de certains pays, on y retrouve des comportements et des façons de faire fondés sur des choix qui s'inscrivent soit dans la continuité de la croissance façon mécanique de l'ère industrielle, soit dans la mouvance façon organique de l'ère de la créativité. Le Japon, par exemple, reste bien ancré dans l'univers industriel et réussit avec brio à développer une économie concertée et dirigée par le procédé, c'est-à-dire méthodique, calculée et surtout prévisible et sans surprises. On y fabrique et on distribue dans tous les coins de la planète, après avoir effectué de savantes études de marché, une multitude de « contenants » d'une qualité irréprochable, qui s'appellent téléviseur, magnétoscope, automobile, navire, appareil-photo et caméra. En somme, les Japonais fabriquent le cadre et le téléviseur, tandis que les Américains y insèrent la photo et y programment les émissions. L'industrie des contenants qui prédomine toujours cohabite maintenant avec celui des contenus, plus nerveuse et plus dynamique.

L'avenir appartient désormais à la créativité comme première productrice de richesse. Ce qui ne diminue en rien le rôle des deux autres domaines, les matières premières et leurs processus de transformation, dont l'influence sera toujours déterminante dans l'équation qui fait battre le cœur de l'économie de marché. On ne pourra jamais, par exemple, construire un édifice sans le génie de l'architecte et de l'ingénieur (créativité), le savoir-faire du constructeur (procédé mécanique) et l'emploi de matériaux (richesse naturelle et produits manufacturés). Cependant, ce qui saute aux yeux maintenant, c'est que, dans l'échelle des valeurs ajoutées qui engendrent la richesse, la créativité occupe le premier rang.

La voiture économique de demain, plus puissante et plus rapide, sera donc propulsée par un moteur qui carburera à la créativité. Et c'est le consommateur qui sera au volant.

LE VENT TOURNE

Il a fallu à peine deux décennies pour déplacer, dans le système économique, le pouvoir dynamisant, celui qui presse l'allure et accélère la cadence de l'évolution. Ce pouvoir a changé de mains. Il est passé du producteur au consommateur. La main qui détenait solidement les moyens de production a passé le flambeau à celle qui jongle avec les produits. La mécanique prévisible et arbitraire de la production est remplacée par le dynamisme organique de la consommation. Le consommateur impose maintenant ses improvisations aux producteurs qui doivent toujours répondre à ses besoins sous peine de s'effondrer et de disparaître. Ces improvisations se traduisent par des tendances qui changent et se modifient rapidement. Le consommateur a changé de rôle et tient maintenant les rênes de la production.

Le système économique reçoit donc ses instructions des consommateurs, une espèce qui n'a rien de mécanique ni de prévisible, une espèce capricieuse, changeante, instable, toujours volage et souvent infidèle. Le producteur n'est plus au poste de commande et il a intérêt à jeter à la poubelle sa gestion mécanique s'il veut faire partie de la parade.

C'est un rapport de force qui a basculé ; soudainement, voilà qu'un nouveau chauffeur s'est retrouvé au volant d'une locomotive qui accélère et qui ne s'arrête jamais. La demande est souvent imprévisible et n'obéit pas à un centre de contrôle. Ceux qui avaient l'habitude de dicter la marche à suivre doivent maintenant inscrire l'adaptabilité dans leur programme de survie.

Les entreprises qui se comportent encore en dinosaures et qui ne s'ajustent pas assez rapidement aux mouvements multiformes de l'environnement ne passeront pas l'hiver. Autrefois, par exemple, le bois et le charbon réchauffaient nos maisons durant les saisons froides. Il n'y avait rien d'autre. Depuis, à ces deux premiers combustibles se sont ajoutés l'hydraulique, le pétrole, le gaz naturel, ainsi que l'énergie nucléaire et l'énergie solaire. Le choix est maintenant multiple. Par exemple, on équipe les établissements industriels d'installations multiénergétiques où il devient possible d'utiliser l'énergie de son choix. On a assisté à ce type de développement dans une multitude d'autres industries, telles les télécommunications, les communications, le transport, l'investissement, l'agriculture, le textile et la biopharmaceutique.

La survie de l'entreprise repose donc sur sa capacité d'adaptation à l'évolution rapide des marchés, dont la créativité est justement le principal combustible. Adaptabilité et créativité sont, ensemble, les deux pôles qui préservent l'harmonie et favorisent l'évolution. Et le succès ou la réussite des entreprises qui vendent des produits et offrent des services réside, nous tenons à le répéter, dans leur capacité d'adaptation non seulement au changement permanent de l'environnement, mais aussi à la vitesse de ce changement.

L'équation a donc basculé. On est passé de la dictature de l'offre à la démocratie de la demande. Le consommateur n'a pas seulement raison, mais il décide, et assez rapidement, de la vie ou de la mort d'un produit ou de la viabilité d'un service.

Aujourd'hui, le premier devoir des producteurs de biens et des fournisseurs de services est de répondre aux attentes des clients-consommateurs. On veut même anticiper ses besoins. On n'impose plus, on est à l'écoute et on doit convaincre.

Le pouvoir se retrouve dans les mains du consommateur à mesure que l'on augmente sa capacité de choisir. Et cette capacité dérive de la diversité de l'offre. Cette diversité provient elle-même de plusieurs sources. Elle procède d'abord de la ferme volonté des États de ne plus réglementer ou de libéraliser le choix et la circulation des biens et des services, entraînant ainsi un effet significatif sur leurs coûts. Par exemple, le prix du melon au Japon dépasse l'entendement.

L'interdiction d'importer ce fruit et d'en offrir la vente au marché libre limite considérablement le choix du consommateur et maintient le prix à des niveaux très élevés. Si l'on abolissait les règles qui en interdisent l'entrée sur le marché et que les consommateurs japonais se voyaient exposés à une multitude de melons en provenance de plusieurs pays, ils se trouveraient soudainement en position de choisir parmi une multitude de produits de qualités et de catégories différentes, offerts à des prix variés assurément inférieurs à ceux qui prévalaient au moment de l'offre du produit unique. D'un seul coup, le consommateur prendrait le pouvoir. C'est lui qui déciderait désormais de la viabilité des produits offerts.

Ensuite, à cause des nombreux développements technologiques qui permettent de créer des produits et d'offrir des services de plus en plus diversifiés, les consommateurs sont devenus les maîtres du jeu.

À la déréglementation et au développement technologique, il faut ajouter la fragmentation des outils de production. Autrefois, il fallait qu'une entreprise intègre toutes les phases du processus qui conduisait à la production d'un bien déterminé. Aujourd'hui, la fabrication, par exemple, d'un récipient de verre coiffé d'un couvercle en plastique maintenu par un fil métallique n'exige pas du producteur qu'il manufacture en usine le récipient, le couvercle et le fil métallique. Le producteur pourra simplement se procurer chacune des composantes de son récipient auprès de spécialistes en production. Une idée, une invention ou un simple design peut faire naître un producteur qui mettra sur le marché un nouveau produit. Le consommateur se trouve donc devant un éventail de choix plus large et son pouvoir s'agrandit.

Aujourd'hui, dans la plupart des industries, les produits, déjà de plus en plus nombreux et diversifiés, se sont encore multipliés. Pensons, par exemple, à l'alimentation, à la chaussure, au vêtement, au meuble et aux communications ! Et pensons au phénomène des marques qu'on ne peut plus dissocier du produit. On n'offre pas qu'un produit, on propose des valeurs. Un vêtement ne va pas sans le style de vie qu'il représente. Posséder un cellulaire, c'est choisir la liberté et la mobilité. Les producteurs, comme les politiciens en campagne électorale, promettent un mieux-vivre et un style de vie plus attrayant à celui qui choisit leur produit. La dictature de l'offre a vraiment disparu et a fait place à la démocratie de la demande.

Autrefois, à la sortie de son modèle T, Henry Ford disait : « Demandez-moi n'importe quelle couleur pourvu qu'elle soit noire. » Le producteur d'aujourd'hui dira plutôt : « Étudions ensemble la couleur et la forme qui satisfont le mieux vos désirs. » La demande a réellement pris le pouvoir et les fabricants élargissent leurs gammes au gré des consommateurs qui n'ont maintenant que l'embarras du choix devant une multitude de produits. Voici quelques exemples éloquents de cette explosion.

Il y a tout juste 14 ans, les consommateurs américains n'avaient pas le choix : il leur fallait absolument passer par AT&T, MCI ou Sprint pour effectuer leurs appels interurbains. En 1994, les 3 grandes entreprises de télécommunications américaines proposaient plus de 75 plans de réductions ; mais depuis la fin de 1996, la concurrence, qualifiée de féroce, se joue sur un terrain qui réunit plus de 1000 entreprises de télécommunications offrant des services interurbains. Les consommateurs américains se trouvent maintenant devant un éventail de choix quasi illimités[17].

Il fut un temps où le coca-cola n'était vendu qu'en bouteille de 6,5 onces. Aujourd'hui, Coke offre plusieurs marques dans plus de 50 formats, et près d'une douzaine de variétés de produits qui vont du Coke classique au Sprite en passant par le Cherry Coke, les versions *Diet,* décaféinées, sans sucre, etc.

La panoplie des baladeurs de la seule marque Sony comporte plus de 260 variétés. Parmi elles figure même le Swimman, un baladeur spécial pour nageurs lassés de faire des longueurs en silence. Et il existe une autre version pour

---

17. Telecommunications Resellers Association ; The Web Site : http ://www.tra-dc.org/telecom_resale/history.html

amateurs d'aérobic ou de jogging. Chez Sony, le mot d'ordre n'est plus un baladeur par personne, mais un baladeur pour chaque usage. Le principe s'applique également aux fabricants de chaussures de sport : il existe maintenant un modèle pour chaque discipline sportive.

Au Japon, la National Bicycle Industrial Company Kobuku fabrique des vélos sur mesure. Les bicyclettes sont construites d'après les mensurations de chaque client et sont livrées dans un délai de quelques jours. La société offre plus de 11 millions d'options et de variétés à des prix qui ne sont que de 10 % supérieurs à ceux des modèles standardisés.

Lorsque Procter & Gamble reçut l'aval de l'American Dental Association, on ne pouvait acheter le dentifrice Crest que dans une seule formule et trois formats différents. Aujourd'hui, on peut trouver Crest en gel ou en pâte, en tube ou en pompe, au goût d'origine ou à la menthe, avec ou sans action antitartre, avec ou sans bicarbonate ou peroxyde, etc. En somme, on arrive à plus de 55 variétés du dentifrice Crest. Et si Crest ne nous convient pas, nous pouvons choisir parmi plus d'une douzaine d'autres marques qui offrent chacune la même variété[18].

Et pensons à tous les produits de consommation qui donnent au client un choix infini. Il ressort clairement que l'offre est de plus en plus éclatée et surtout de plus en plus personnalisée, résultat de l'écoute des producteurs envers la clientèle. Le nouveau pouvoir du consommateur ne réside plus dans sa capacité d'achat, mais dans sa capacité d'être associé à la conception des produits.

Ainsi, contrairement à l'offre qui autrefois dictait la marche à suivre, la demande, elle, est toujours évolutive, difficile à prévoir et en mouvance perpétuelle. La demande, c'est le goût changeant des consommateurs, l'humeur capri-

---

18. « Mettez-vous à l'écoute de vos clients », *L'Expansion Management Review,* printemps 1994 ; « Vive le marketing de remplacement », *L'Expansion Management Review,* septembre 1996 ; « Le client a pris le pouvoir », *Harvard-L'Expansion,* automne 1991 ; « Le consommateur caméléon », *Harvard-L'Expansion,* été 1991.

cieuse des marchés, les fluctuations inattendues des titres boursiers; en somme, c'est tout ce qui bouge et échappe au contrôle. Compte tenu de la créativité toujours présente et de l'innovation qui motivent l'évolution, ce nouveau pouvoir des consommateurs complique sérieusement l'exercice de la prévision et de la prospective.

Cette évolution qui respire en accéléré est nourrie de phénomènes d'une complexité toujours croissante. Son terrain de jeu épouse maintenant les contours de la planète. Et la mondialisation des échanges et des marchés accentue encore plus la complexité et l'imprévisibilité de l'environnement économique.

AUX QUATRE VENTS

Depuis plus de 50 ans, plusieurs barrières tarifaires, notamment les tarifs douaniers, et de nombreux obstacles non tarifaires comme, entre autres, les limitations du nombre et du volume des produits à l'exportation, ont fondu comme neige au soleil. Le General Agreement on Tariffs and Trade (GATT) et ensuite l'Organisation mondiale du commerce ont progressivement, par voie de négociations et grâce à des ententes multilatérales conclues entre plus de 60 pays, réduit considérablement les restrictions à la libre circulation des biens et services à travers le monde. Il faut ajouter à cette ouverture des marchés à l'échelle mondiale, la multitude d'accords de libre-échange conclus, au cours des 30 dernières années, un peu partout dans le monde, entre 2 ou plusieurs pays aux intérêts commerciaux communs et complémentaires. Résultats: mondialisation de l'économie, accélération foudroyante des échanges commerciaux et, pour le consommateur, choix élargi et pouvoir accru. La distribution des biens et services remplace la production comme locomotive du progrès.

Cette ouverture des marchés à tout vent et la croissance rapide des échanges nous obligent à déposer au vestiaire nos vieilles méthodes d'analyse de l'évolution économique, nos procédés de planification et nos recettes de prévision. La force motrice de la croissance économique n'est plus tout à fait celle de l'ère industrielle. L'économie, autrefois ponctuée d'alternances cycliques prévisibles, contrôlables et rassurantes, se développe maintenant de façon discontinue et comme un tissu de réactions imprévisibles.

Nous savons que la créativité occupe le premier rang dans l'échelle des valeurs ajoutées qui engendrent la richesse. Cette richesse provient moins du monde mécanique que de l'univers organique. Les entrants, qui alimentent les neurones, excitent le système nerveux et accélèrent le flux sanguin de l'économie de marché désormais sans frontières, sont de plus en plus abondants et de plus en plus complexes. L'entrant se présente sous de multiples formes. Ce peut être un nouveau produit japonais, américain ou français, plus performant et moins cher, offert aux consommateurs qui jusque-là n'étaient exposés qu'aux produits d'ici. Nos producteurs doivent immédiatement réagir. L'entrant peut aussi se déguiser en investisseur qui vient fabriquer ses produits ou offrir ses services chez nous, et ainsi concurrencer ceux qui avaient la confiance des consommateurs. En somme, l'entrant arrive de partout, propose souvent la nouveauté et a pour mission de vivre et de croître sans égards pour ceux qui avaient pignon sur rue depuis belle lurette et qui considéraient le marché comme une propriété acquise. Ainsi va la mondialisation des échanges et des marchés.

Cette mondialisation est alimentée principalement par l'énergie des entreprises productrices dont la vitalité est stimulée par la déréglementation et par la privatisation. Au cours des 10 dernières années, plusieurs nouveaux joueurs ont envahi le terrain des marchés concurrentiels grâce au désengagement progressif de plusieurs États des champs d'activités liés à la production.

De multiples entreprises publiques ont été privatisées dans le monde. Que ce soit en Europe, en Amérique latine ou en Océanie, un vent de privatisation souffle très fort et dans toutes les directions. Des secteurs considérés jusque-là comme des monopoles naturels, les télécommunications et l'énergie par exemple, se sont détachés du giron de la propriété publique pour rejoindre l'univers du privé. Plusieurs pays d'Europe dont la Grande-Bretagne, la France et l'Italie se sont engagés dans de vastes programmes de privatisation. Dans l'ensemble des pays de l'OCDE, le montant des cessions a atteint chaque année, entre 1993 et 1996, environ 50 milliards de dollars. Pensons aussi aux entreprises de télécommunications qui ont été privatisées entre autres au Mexique, au Venezuela, en Malaisie, au Chili et au Brésil. Cette pléiade de nouveaux venus dans l'arène économique mondiale, où la concurrence est la règle du jeu, favorise la croissance des échanges commerciaux et en accélère l'évolution.

Le retrait progressif des États du champ des restrictions et des barrières accélère aussi le train de la concurrence mondiale. La déréglementation est facteur de développement et de croissance.

Ces privatisations et déréglementations ont en commun l'abandon du contrôle des producteurs de biens et services. Le contrôle, nous le savons, est un élément essentiel de la gestion mécanique, et il s'appuie sur la notion de pouvoir. Libérées des contraintes et des restrictions imposées par des cadres réglementaires ou affranchies de la propriété d'État, les entreprises s'engagent dans le tourbillon international de la concurrence et du changement permanent. Un monde qui bouge rapidement et dont aucune mécanique ne peut freiner l'évolution. Un monde organique.

La mondialisation des échanges a aussi ouvert la porte à de nouvelles pratiques de production. Conformément aux ententes internationales de libre-échange, il est vite apparu que les pays en voie d'industrialisation offraient, en ce qui a trait au coût de la main-d'œuvre, d'indéniables avantages. On a donc assisté à une dispersion des unités de production à travers le globe, laquelle dispersion a entraîné d'importantes décolonisations industrielles. La mondialisation du marché du travail est la conséquence directe de la concurrence et de la guerre des prix. Cette mondialisation des unités de travail à l'échelle de la planète donne lieu aussi à une forme de partage de la richesse dont bénéficient les pays moins industrialisés.

Une entreprise peut « magasiner » à peu près partout dans le monde et choisir de nicher son usine de production en Asie, en Afrique ou en Amérique du Sud. La main-d'œuvre qualifiée, dispersée dans les cinq continents, est l'une des composantes essentielles qui déterminent le prix d'un bien de consommation. Plus encore, la mondialisation des marchés ouvre aux entreprises des perspectives qui touchent les trois éléments essentiels qui justifient leur existence : la recherche de capitaux, la production et l'écoulement des produits. Une entreprise canadienne, par exemple, peut obtenir son financement auprès d'une banque américaine, planter son usine de production au Brésil, employer la main-d'œuvre locale et vendre ses produits en Asie.

Nous savons que les exemples de délocalisation se situent essentiellement dans les secteurs où le coût de la main-d'œuvre qualifiée constitue une part importante du prix de revient. Les fabricants de chaussures de sport dont Adidas et Nike, par exemple, n'entretiennent pratiquement aucune production dans le pays où sont situés respectivement leur siège social ou leurs clients, en Allemagne et aux États-Unis. Les polos Lacoste et Benetton sont dans l'ensemble fabriqués à l'étranger, hors de leur marché cible.

C'est l'élan permanent de la concurrence qui pousse les entreprises à produire aux coûts les moins élevés. Cette concurrence est le battement de cœur d'un système économique sans frontières. Et c'est cette même concurrence qui pousse deux ou plusieurs entreprises à s'allier ou à fusionner et ainsi à créer des mégasociétés transnationales. Ces processus d'alliances, de fusions et de partenariats à l'échelle mondiale, accélèrent l'évolution. Pourtant, nous savons que le moteur de la création de la richesse est déjà et sera de plus en plus activé par une multitude de petites et moyennes entreprises.

La grande entreprise de demain, qui distribuera ses produits et dispensera ses services partout dans le monde, qui sera en mesure de consacrer des sommes importantes en recherche et en développements, et qui pourra assumer des risques d'envergure, sera constituée d'une fédération de plusieurs petites et moyennes entreprises.

Le vaisseau amiral de la croissance économique de l'ère industrielle était la grande entreprise, solidement structurée, mécaniquement organisée et habitée par des légions d'employés qui y faisaient carrière jusqu'à ce que retraite s'ensuive. Ce temps est révolu. Nous quittons une société d'employés et entrons de plain-pied dans une collectivité qui, comme l'information, fonctionne en réseaux.

Actuellement, dans le monde industrialisé, de moins en moins de travailleurs sont attachés aux grandes entreprises, et de plus en plus sont autonomes, employés dans de petites et moyennes entreprises ou liés aux grandes entreprises à titre de fournisseurs de biens ou de services, de contractuels ou d'experts-conseils. Nous sommes passés au *Small is beautiful.* Un réseau de PME a envahi le paysage et joue maintenant un rôle de premier plan dans la croissance de la richesse, notamment au chapitre de l'exportation de produits manufacturiers. Il n'y a plus de vaisseau amiral de la croissance économique, mais une flottille de petits bâtiments dynamiques qui accélèrent l'évolution et la création de la richesse. Néanmoins, dans le même temps, les entreprises, qui fonctionnent toujours selon le paradigme de la gestion mécanique, multiplient les fusions afin de protéger leur part de marché et entretiennent la notion de gigantisme qui entraînera inévitablement leur déclin et leur chute.

Le nouveau visage du monde économique ressemble à un dessin animé qu'on projette en accéléré. Entraînée par la circulation rapide de l'information et par son accessibilité universelle, poussée par la demande qui a pris les commandes de l'offre et projetée dans un monde sans frontières où les marchés sont ouverts à tout vent, l'économie évolue comme un mouvement perpétuel qui s'est mis au pas de course. Et cette allure endiablée ne semble pas connaître d'essoufflement.

EN COUP DE VENT

Comme nous l'avons dit plus haut, l'évolution est si rapide qu'un siècle ne va bientôt durer que 10 ans. Cette allure effrénée est due en grande partie à la numérisation de plus en plus généralisée de l'information, à l'appétit des consommateurs pour des produits et services de plus en plus variés et personnalisés, qui pressent les producteurs de répondre à leurs besoins et à leurs attentes, et aux incessantes percées de l'informatique et de la robotique. Les capacités d'emmagasinage et de traitement de l'information, par exemple, doublent tous les 18 mois, à prix constants. Le temps d'une génération technologique devient de plus en plus court. Favorisé par la libéralisation des marchés et activé par la mobilité de la technologie et du capital, le commerce international a décuplé depuis le début de la révolution des technologies de l'information et des communications.

Ce vent d'évolution qui se développe à toute vitesse et souffle dans toutes les directions réduit le temps de réflexion et oblige les acteurs à toujours réagir rapidement, comme s'ils jouaient dans une pièce qui s'improvise continuellement. Le monde économique est sans l'ombre d'un doute le protagoniste qui occupe l'avant-scène et derrière lequel sont entraînés les États et les collectivités sociales et culturelles. Plusieurs champs d'activités sont touchés et surtout bousculés par le rythme effréné de cette évolution, notamment l'éducation, la formation et la gestion politique, économique, sociale et culturelle.

La prospective, qu'on affectionnait tant et qui permettait de dégager des prévisions à long terme, devient un outil du passé. Du moins celle qu'on mettait au point en y consacrant tout le temps dont on ne dispose plus. C'était l'approche mécanique avec ses instruments de contrôle, ses automatismes ainsi que son déroulement logique et prévisible. Le monde d'aujourd'hui est fluide, imprévisible, vivace et incontrôlable, comme la nature ou un être vivant. Pour l'apprivoiser et y respirer à l'aise, c'est l'approche organique qu'il faut adopter. Une approche où l'observation et l'adaptabilité jouent un rôle central. Le monde est devenu un bouillon de culture, un milieu où tout, en même temps et sans contrôle, évolue rapidement. Ne pas s'adapter, c'est courir le risque de périr, de disparaître ou de regarder, sans réagir, passer l'avenir.

LE VENT DANS LES VOILES

Le progrès linéaire et continu a pris le large. Cette longue période de l'ère industrielle où il était possible de rationaliser le développement est révolue. Certains peuvent penser que la crise que nous traversons actuellement possède les attributs d'un bon vieux cycle économique, mais il n'en est rien. Le changement que nous vivons actuellement est soudain, discontinu et inattendu. Il n'y a pas si longtemps, les surplus d'inventaire et autres goulots d'étranglement engendraient, de façon cyclique et régulièrement, des poussées d'inflation que l'on réussissait tant bien que mal à juguler. Les cycles économiques étaient prévisibles. Pendant ce temps, les marchés financiers, dans les pays du G-7, ne faisaient pas de vagues et offraient l'image de la stabilité. Aujourd'hui, l'économie réelle, avec une croissance régulièrement modeste et un taux d'inflation presque invariable, se stabilise. Par ailleurs, les marchés financiers se sont développés et sont devenus les amortisseurs de l'économie réelle, au détriment de leur stabilité. L'évolution n'est plus cadencée par des cycles prévisibles comme les vagues de l'océan ; c'est maintenant une suite discontinue de transformations comme le rapide d'un cours d'eau, tumultueux et tourbillonnant. C'est l'état d'alerte permanent, une quête constante d'équilibre, propre à la nature.

Nous baignons dans un monde de complexité qui apparaît souvent lorsqu'une multitude d'actions s'influencent les unes les autres, interagissent de façon ininterrompue, s'amplifient, se répandent et ne cessent jamais de bouger et d'avancer. Ces

interactions des personnes entre elles et avec leur environnement se multiplient dans un désordre apparent que certains
appellent « chaos », et qui rendent caduque toute tentative de
prévoir avec un minimum de certitude. Les plans d'action
précis ponctués d'étapes relationnelles et logiques ne sont
plus les outils privilégiés de gestion des grandes organisations. L'environnement est devenu trop complexe.

Comment gérer ce milieu vivement évolutif dans lequel
nous sommes immergés et en maîtriser la gestion autrement
qu'en s'y adaptant ? Ce système économique qui n'offre pas
de répit échappe à tout contrôle central ; il nous oblige à
plier bagage et à partir vers une destination inconnue où
l'adaptabilité est la règle du jeu. Une règle du jeu qui implique l'appropriation des conditions internes et externes de
l'environnement. Et plus on stimule cette vitesse d'adaptation, plus on alimente l'évolution pour ainsi créer, en réalité, notre propre courroie d'engrenage au système. La créativité entraîne l'innovation qui sème dans l'environnement
un déséquilibre qui commande l'adaptation. Les clés de
l'avenir reposent donc sur l'adaptation et la créativité.
L'homme de demain, grâce à ses facultés d'imaginer et de
concevoir, sera condamné à créer pour vivre.

S'adapter c'est aussi réagir de façon organique à un
monde vivant. L'organisation humaine s'est orientée depuis
longtemps vers un monde mécanique parce que l'individu a
toujours voulu contrôler les autres. Et le contrôle entretient,
c'est sa nature, les processus prévisibles, automatiques et
mécaniques. En somme, ce qui est organique est adaptable,
et ce qui est mécanique est prévisible.

L'approche organique prend donc le relais de la démarche mécanique. Fondée sur l'adaptation, elle s'inspirera
directement de la vitalité fonctionnelle de la nature et de la
vivacité de l'organisme vivant.

❧

CHAPITRE III

L'approche organique :
une gestion vivante

L'ORGANISATION NATURELLE

L'étymologie des mots « organiser » et « organique » nous amène naturellement à penser que les organisations pourraient adopter un mode de fonctionnement fondé sur les principes qui régissent l'ordre de la nature plutôt que de fonctionner selon la mécanique de procédés. Les solutions à nos problèmes d'organisation pourraient s'inspirer de ces principes qui sont la source de l'harmonie qui règne dans la nature. Il est cependant difficile de déterminer quels sont les éléments constituants de la nature, et surtout lesquelles de leurs interactions sont au cœur d'un processus constant de recherche d'équilibre et d'adaptation à l'environnement.

Tout organisme vivant respire, bouge, réagit, se développe, se conserve, se reproduit, évolue et s'adapte à son environnement qui lui aussi change, se modifie et se transforme. Il est doté d'un code génétique complet, forme de programmation héréditaire, inscrit dans l'A.D.N., qui gouverne chacune des cellules qui le compose. Ce que cette cellule doit accomplir, ce qui lui appartient en propre et l'activité déterminée à laquelle elle se consacre sont aux commandes du code génétique. La fonction, la spécialité et la spécialisation de la cellule sont soumises à des directives précises qui lui sont propres et auxquelles elle ne peut déroger. Elle n'est pas capable, seule, ni de créer ni de produire, et elle dépend totalement de son code génétique. On pourrait dire que la cellule est à cet égard « en cellule », prisonnière d'un destin génétique auquel elle ne peut d'elle-même échapper.

Par ailleurs, elle est constituée comme un appareil ouvert qui, face au milieu dans lequel elle baigne, non seulement est capable d'en capter les variations et les fluctuations, mais qui a aussi besoin d'échanger avec lui des matières et de l'énergie pour réagir, interagir et s'adapter. Fondamentalement excitable, elle croît, se régénère, se divise et se reproduit. Elle est l'envers d'un univers clos et autonome.

Les cellules spécialisées sont regroupées et structurées en organes (comme le cœur, le foie ou l'estomac), lesquels, réunis en famille, créent des systèmes (nerveux, digestif ou cardiovasculaire) qui interagissent, toujours sous la commande du code génétique, dans l'organisme qui forme l'enveloppe finale. Une enveloppe composée d'éléments hiérarchisés en un tout cohérent.

Si, par exemple, une entreprise se déguisait en organisme vivant, l'employé s'habillerait en cellule, le service en organe, la division en système, et le chef en cerveau. Et, comme un organisme, elle serait en constante interaction avec d'autres entités vivantes (organisations, entreprises, pouvoir public et groupes constitués) et soumise aux mouvements, forces et pressions du milieu.

L'organisme cultive l'adaptabilité

Sa structure complexe bien assise, l'organisme, soumis aux exigences de l'environnement, doit littéralement gagner sa vie pour la conserver. Pour réaliser sa finalité, il doit trimer sans relâche pour maintenir un équilibre interne et assurer sa croissance, sa conservation, sa régulation et sa reproduction.

La recherche de l'équilibre, qui a l'allure d'une quête permanente, constitue son activité première. En d'autres mots, l'organisme est constamment assailli de tous côtés par les changements incessants du milieu environnant qui maintiennent en alerte l'état précaire d'un ordre qui n'est jamais établi. Ainsi stimulé, l'organisme est en instance permanente de réaction. Il est doté d'une capacité de réagir dans l'immédiat, de s'adapter à court et à moyen terme et d'évoluer à très, très long terme. Réaction, adaptation et évolution.

Réaction : le système immunitaire permet justement à l'organisme de réagir rapidement en identifiant immédiatement l'agresseur et en enclenchant le processus de formation d'anticorps chargés de le neutraliser et de favoriser ainsi la restauration d'un équilibre momentanément compromis. L'adaptation n'a pas ce caractère immédiat et exige une période plus ou moins longue pour s'approprier les conditions ou les exigences nouvelles de l'environnement. Par exemple, un nordique qui se retrouve du jour au lendemain dans une région tropicale mettra du temps à apprivoiser le climat chaud et humide. Quant à l'évolution, retenons seulement qu'il a fallu des millénaires d'affrontements avec l'environnement pour que les humains que nous sommes aujourd'hui marchent sur deux pattes seulement. Réaction, adaptation et évolution : trois variables à durée variable de l'organisme vivant.

La nature est complexe et en effervescence

Nous savons que la nature est un océan de complexité. Une nature simple, composée d'organismes élémentaires, ressemblerait à un univers linéaire où aucun changement, aucune variation ne viendrait troubler un déroulement rectiligne. Une vue de l'esprit.

La nature, au contraire, est remplie d'éléments, d'organismes et d'espèces d'organismes complexes qui vivent en constante interrelation dans un environnement qui change, varie et se transforme. Elle est composée d'une multitude d'écosystèmes où cohabitent en associations permanentes, durables et profitables les organismes vivants. Et chaque écosystème renferme des organismes dotés de codes génétiques propres qui coexistent dans un environnement sans cesse en ébullition. La nature renferme plusieurs des propriétés d'un système non linéaire, d'une organisation complexe. Et l'interaction d'apparence chaotique de plusieurs éléments de la nature se déroule en réalité dans un ordre qui reste caché, ou plutôt à découvrir.

L'écosystème est le théâtre de cycles interactifs et interdépendants où les organismes se développent et se propagent, se nourrissant les uns les autres dans un échange de matière, d'énergie et, pour ainsi dire, d'information. Tous ces réseaux pourraient dans un corps humain, par exemple, prendre la forme de veines, de nerfs ou d'artères.

La nature, tout comme chacune de ses composantes, doit sans cesse relever le défi du maintien d'un équilibre parfois précaire. Cette précarité pourrait être accentuée par un changement inattendu de l'environnement suscitant réaction et adaptation chez tout ce qui est en vie. On aura vite compris que, toute incitation ou provocation extérieure étant égale, un organisme donné pourra être moins résistant si un défaut caché de son code le rend plus vulnérable. C'est souvent avec promptitude que l'organisme doit réagir et s'adapter. Mais si l'exigence extérieure pèse trop lourd, la capacité d'adaptation peut être réduite ou complètement nulle. Dans le premier cas, l'organisme s'adapte partiellement; dans le second, il ne tient pas le coup, est surpassé, est détruit et disparaît, anéanti. Par conséquent, l'aptitude à s'adapter, à changer et à évoluer est limitée. Il faut s'en remettre au patrimoine génétique pour en déterminer les paramètres.

Chacune des entités vivantes, nous l'avons vu, possède son individualité propre, définie par son code génétique. Plante aquatique, mammifère, arbre, oiseau, insecte, homme, chaque être végétal ou animal est unique et ne ressemble parfaitement qu'à lui-même. Par conséquent, il est clair que chacun des organismes qui peuplent la nature se développe sous la gouverne d'un héritage génétique inflexible qui souffre mal l'évolution rapide.

Une organisation ou une entreprise, entité bien vivante, s'apparente à un coin de nature qui abrite de multiples organismes différents, tous dotés de codes génétiques qui leur sont propres. Elle prend ainsi la forme d'un écosystème où cohabitent, coexistent, coopèrent et interagissent de nombreux organismes (employés, sections, services et divisions) dynamisés par des réseaux où circule l'information nécessaire pour assurer équilibre, conservation, croissance et finalité.

Tout comme un être vivant, l'entreprise organique dans son ensemble et chacune de ses composantes en particulier, peuvent donc réagir rapidement, s'adapter en une période plus ou moins longue et évoluer très lentement. Cependant, l'ébullition et l'effervescence de l'environnement socio-économique dont le mouvement s'accélère constamment créent une situation permanente d'urgence et exigent de l'écosystème entrepreneurial (de l'entreprise) réaction immédiate et adaptation rapide. Les exigences d'un environnement qui évolue en coup de vent sont si lourdes et pressantes qu'un organisme en état d'inertie ou inapte à réagir, à changer et à s'adapter immédiatement aux nouvelles conditions de survie, est voué à la disparition.

Comment venir en aide aux organismes incapables naturellement de réagir, d'évoluer et de s'adapter promptement au rythme imposé par un environnement qui change et évolue toujours en accéléré? Y a-t-il un moyen de transgresser l'évolution temporelle naturelle et de favoriser une adaptation plus prompte et une évolution plus rapide en réponse aux exigences de l'environnement? En d'autres mots, est-il possible d'aider la nature?

Le génie génétique à la rescousse
L'avènement de la biotechnologie ou de la bio-ingénierie, c'est-à-dire la technologie de transformation des codes biologiques, ouvre toute grande la porte aux manipulations

génétiques. La biotechnologie reconstruit les organismes vivants en vue d'effectuer des transformations pratiques. Et ces incursions dans une cellule arrivent à transformer, à changer, à modifier ou à remanier, la plupart du temps en partie, le code génétique qui la régit. On est en passe, par exemple, de faire l'inventaire complet de tout le code génétique humain. Le génome humain fait l'objet de recherches à l'échelle mondiale.

L'héritage génétique d'une cellule donnée ou d'un organisme peut changer de visage. On peut perfectionner la nature, corriger des défauts de développement et de fonctionnement et même améliorer la productivité, la réactivité et l'adaptabilité de cette cellule ou de cet organisme. Ce n'est presque plus de la science-fiction.

Le génie génétique vient aussi court-circuiter le temps, accélérant ainsi, par exemple, l'évolution d'un organisme ou d'une de ses parties, et parfaire son potentiel adaptatif et évolutif naturellement trop lent. Grâce aux manipulations génétiques, on peut non seulement surveiller, par exemple, l'évolution des molécules dans une cellule, mais aussi déchiffrer, identifier et connaître en détail la structure et la régulation de cette cellule. Il est donc désormais possible d'intervenir au cœur même de l'identité organique et de changer la nature des choses.

L'entreprise est un écosystème sous l'influence d'un manipulateur génétique

Envisageons l'entreprise comme un écosystème où plusieurs organismes cohabitent et interagissent dans une dynamique toujours axée sur la recherche d'un équilibre; un écosystème constamment bousculé par un environnement qui évolue à grande vitesse et impose à l'entreprise, si elle ne veut pas dépérir et disparaître, une capacité de réaction immédiate, une aptitude d'adaptation rapide et une puissance d'évolution élevée.

L'écosystème fonctionne par étapes irréversibles et continues qui passent de la production d'éléments de la vie à leur stockage, puis à leur consommation, et enfin à leur régénération. La chaîne alimentaire suit perpétuellement ce parcours. Le verger produit ses pommes, stockées temporairement au grand air, ensuite consommées, rejetées en déchets et finalement régénérées. Et le cycle recommence toujours. L'entreprise crée aussi des produits qu'on entrepose momentanément pour ensuite les livrer aux consommateurs qui les rejetteront en déchets, lesquels seront aussi régénérés.

De plus, comme l'organisme, l'écosystème cherche à maintenir un état d'équilibre. Il respire. Chaque activité reçoit une réponse et chaque échange déclenche un mécanisme de régulation. Un équilibre dynamique s'installe à demeure au cœur même du système. Et, bien sûr, chacune de ses composantes organiques contient son propre héritage génétique.

L'entreprise qui se mue en écosystème est aussi peuplée d'organismes qui prennent la forme d'employés, de services, de divisions ou de haute direction, qui produisent du matériel ou de l'information destinés, l'un comme l'autre, à être consommés et régénérés.

Elle respire et recherche aussi le maintien de son équilibre. L'interdépendance et surtout la constante interaction de tous ses acteurs vivants, chacun avec son bagage génétique, la dynamisent et la maintiennent en état de réaction, d'adaptation et d'évolution. Mais qui définit et transmet les codes génétiques qui modèlent le visage, déterminent l'identité et fixent la finalité des organismes qui habitent l'entreprise-écosystème ?

Le dirigeant de cette société vivante devient l'ingénieur biologique, le manipulateur génétique qui a la responsabilité de doter d'un code les cellules, les organes et les systèmes de l'entreprise. Il doit précisément transmettre des codes, sous forme de messages-directives, focalisés autour du principe de l'adaptabilité à l'évolution du milieu environnant. Cet héritage génétique prédispose chacun des organismes à réagir, à s'adapter, à évoluer et, par le fait même, à se conduire comme un être vivant à la fois autonome et libre, mais aussi dépendant d'un ensemble où il puise connaissance et énergie.

Dans une entreprise, les codes génétiques transmis par le dirigeant peuvent prendre la forme d'orientations, de valeurs, de balises d'encadrement et même d'éthique. On peut, par exemple, demander aux employés d'être à l'affût des mouvements et des tendances qu'ils observent dans leur environnement immédiat et de les communiquer à l'intérieur de l'organisation. On peut aussi transmettre l'idée que chacun, dans son quotidien, cultive sa capacité d'adaptation à l'environnement, son aptitude à réagir rapidement et son pouvoir de fonctionner de façon autonome.

Quelle sera la durée et l'étendue de ces codes dans le temps et quel sera leur degré de pénétrance, c'est-à-dire leur expression visible, leur productivité et leur efficacité sur les employés et les parties constituantes de l'entreprise? Questions pertinentes qui trouvent réponse dans la seule pratique et qui sont intimement liées au processus d'évaluation du rendement des employés et des parties constituantes.

Une entreprise sous la conduite d'une gestion organique devient à la fois un jardin d'acclimatation peuplé d'organismes capables de réagir et de s'adapter à un environnement qui évolue rapidement et un bouillon de culture, c'est-à-dire un milieu favorable à la créativité et à l'innovation.

CRÉATIVITÉ : INTELLIGENCE MOTRICE DE L'ÉVOLUTION

L'organisme vivant dans la nature, nous le savons, a la faculté de s'adapter à l'environnement qui change et évolue. Cette disposition tient du réflexe activé par les gènes qui composent son caractère héréditaire. Cette adaptation plus ou moins rapide ne vient donc pas d'une appréhension cognitive de la réalité évolutive. L'intelligence ne joue aucun rôle dans ce processus où les organismes vivants ne créent pas et suivent une évolution lente. La nature ne crée pas de nouvelles choses, mais elle évolue vers de nouvelles choses.

L'adaptation d'un être humain, en revanche, ne tient pas seulement du réflexe, elle se déroule aussi de façon intelligente. L'être pensant appréhende et comprend l'information dès qu'il en prend connaissance et en saisit le sens. Son adaptation peut entraîner une action nouvelle et créative qui engendre un mouvement de déséquilibre dans l'environnement. Celui qui a causé ce déséquilibre a fait un pas en avant et non du surplace. Il s'est non seulement adapté à l'évolution, il l'a en quelque sorte nourrie et alimentée. Il l'a influencée.

Il y a, par exemple, des visionnaires, d'authentiques créateurs et percepteurs d'idées nouvelles, qui n'arrivent pas à implanter leur vision. Ils sont uniquement créatifs, incapables qu'ils sont d'adapter leur vision à l'environnement ; de ce fait, ils n'alimentent pas directement l'évolution, mais fournissent néanmoins les informations nécessaires à l'innovation, c'est-à-dire à l'évolution de la créativité.

Aucune dynamique ne vient connecter l'acte de création, la vision ou le savoir, à l'acte d'implantation, au savoir-faire et à l'adaptation. La créativité est en réalité un agent et un facteur d'anticipation. Plus il y a de créativité qui alimente l'évolution, plus l'évolution se fait rapide. C'est la créativité qui est le moteur de l'évolution. C'est aussi elle qui la motive et en conditionne la cadence.

Avant l'arrivée des technologies de l'information et l'essor fulgurant des réseaux de communications, l'évolution allait beaucoup plus lentement. Qu'il suffise de penser au lent déroulement de l'évolution au cours des siècles qui ont précédé le nôtre. Le temps s'écoulait beaucoup plus lentement, par exemple, entre les découvertes scientifiques, les percées de la médecine et l'arrivée de nouveaux moyens de transport et de technologies de communications plus rapides. Les sociétés étaient hiérarchisées, et les connaissances dispersées de haut en bas (circulation pyramidale) et non en réseaux comme aujourd'hui. La créativité était néanmoins l'élément déclencheur de l'évolution qui avançait lentement.

Aujourd'hui, les connaissances sont à la portée de tous et sont disséminées dans des réseaux qui se multiplient et se ramifient. Et la créativité, qui réunit savoir et innovation, explose de partout. C'est sa prolifération et la rapidité avec laquelle elle apparaît et se développe qui changent l'environnement et accélèrent l'évolution. En fait, cette créativité générale s'alimente de la créativité de tous et nourrit l'évolution. Il y a aujourd'hui plusieurs exemples de créativités qui pressent l'évolution et transforment l'environnement. Retenons, pour illustrer ce phénomène, l'arrivée du commerce électronique, la venue d'intranet dans les grandes organisations et l'explosion du télétravail qui résulte de l'usage de plusieurs formes de créativité.

Le commerce électronique

Le concept du commerce électronique repose principalement sur l'EDI (Electronic Data Interchange), échange de documents informatisés. Au début, ce type de commerce était réservé aux grandes organisations en raison de l'importance des coûts d'implantation. Cependant, avec l'expansion spectaculaire d'Internet dans tous les domaines, le commerce électronique est en voie de démocratisation. En 1994, par exemple, le potentiel d'affaires traitées par Internet suscitait des interrogations. Pourtant, cette nouvelle façon créative de vendre des biens et d'offrir des services aurait permis d'atteindre 300 millions de dollars en 1995, 900 millions en 1996, et la firme d'analystes Forrester Research prévoit qu'elle permettra d'atteindre 30 milliards en l'an 2000.

Le commerce électronique de type EDI revient à un échange de documents d'affaires d'un système informatique à un autre, sans intervention humaine. Il offre aux entreprises la possibilité de remplacer la correspondance sur papier par la transmission électronique des informations – commandes, factures et paiements –, ce qui réduit les impératifs de manipulations physiques et administratives. Cet outil permet, d'une part, de contourner les canaux traditionnels de distribution et de communication et, d'autre part, de traiter directement et instantanément avec les entrepôts pour que, par exemple, les stocks soient maintenus plus près des besoins des consommateurs.

Parmi les nombreux avantages de l'EDI, les économies de temps et d'argent arrivent au tout premier rang. Le traitement conventionnel d'un bon de commande sur papier coûte environ 70 $ alors qu'il en coûte moins de 1 $ pour un EDI. De plus, ce type de commerce permet d'améliorer continuellement le service à la clientèle dans la mesure où il est plus rapide et permet de faire moins d'erreurs. Les entreprises de transport figurent parmi les premiers adeptes de l'EDI, suivies des industries automobile, aéronautique et agroalimentaire, parmi tant d'autres.

L'énorme chaîne de distribution Wal-Mart doit une part importante de son succès à son rôle de pionnier dans la mise à profit du commerce électronique par l'EDI. L'entreprise utilise les informations rassemblées par des scanners sur les lieux de vente et les transmet par EDI directement à ses fournisseurs qui, à leur tour, décident du type et de la quantité des articles à expédier. Les fournisseurs livrent directement aux magasins sans passer par les entrepôts. Cette nouvelle technologie élimine les ordres d'achat, les feuilles d'expédition, les stocks énormes à conserver à portée de la main ; les frais de secrétariat sont considérablement réduits grâce à la suppression du travail précédemment nécessaire à chaque étape du processus traditionnel de traitement des commandes, des envois et du magasinage[19].

L'intranet

L'intranet est la combinaison de la technologie du domaine des réseaux locaux et d'Internet utilisé dans le cadre d'une

---

19. *Entreprendre,* hors série, n° 2, 1997 ; Jeremy Rifkin, *La fin du travail,* Paris, Éditions la Découverte, 1996, 435 p.

grande organisation; c'est un exemple de créativité qui bouscule l'évolution et qui l'entraîne en avant. Son implantation bouleverse littéralement l'environnement communicationnel de l'entreprise en ce qu'il rend transparente pour chaque utilisateur individuel la livraison des ressources informationnelles volumineuses de l'organisation, à un coût minimal en temps et en efforts.

C'est un Internet à l'échelle réduite, limité au réseau interne de l'entreprise. Il permet de donner aux employés d'une entreprise multinationale, dispersés dans le monde, accès à l'information dont ils ont besoin. Des données confidentielles peuvent y être publiées sans danger, puisque l'intranet, à la différence d'Internet, est protégé et isolé du monde extérieur par un coupe-feu, ou passerelle de sécurité, dont le rôle est de filtrer le flux d'information entrant et sortant, et d'autoriser ou de restreindre les transactions.

Ainsi, l'intranet procure au document un caractère dynamique et vivant. Il offre une solution intégrée de création, d'actualisation et de distribution des informations de l'entreprise. De ce fait, il tend à éliminer la frontière entre un document et l'application dont il est le résultat pour devenir l'interface réelle de l'utilisateur.

En outre, l'intranet constitue une base solide pour rendre certains documents de gestion accessibles aux partenaires d'affaires de l'entreprise, fournisseurs, clients et employés en déplacement. Il s'agit dès lors de l'extranet qui rend les ressources informationnelles accessibles à une communauté d'intérêt, partout dans le monde, grâce à un simple modem et à une ligne téléphonique.

Il y a trois ans à peine, les intranets étaient peu nombreux. Aujourd'hui, le marché de serveurs internes représente plus de 500 millions de dollars par année. Selon une étude du cabinet Forrester Research, près d'un quart des mille premiers groupes américains disposaient déjà, à la fin de 1995, d'un intranet. Ils sont plus de la moitié en 1998 et le marché pourrait dépasser le milliard de dollars en l'an 2000.

Quelques exemples d'application où cette créativité a nourri et accéléré l'évolution : chez Ford, un intranet reliant des centres de conceptions d'Asie, d'Europe et des États-Unis a aidé des ingénieurs à créer en collaboration les nouveaux modèles de voitures ; à Silicon Graphics, 7200 employés ont accès à 144 000 pages Web stockées sur 800 serveurs Web internes[20].

Une autre forme de créativité qui stimule l'évolution : le télétravail.

Le télétravail

Le télétravail n'est pas en soi un exemple de créativité, mais il est la résultante de l'usage de plusieurs formes de créativité au sein d'une entreprise. Il représente en somme un changement majeur dans le monde de l'organisation, changement qui accélère l'évolution de l'environnement des entreprises en agissant sur le temps et l'espace du déroulement des décisions. À l'origine, cette formule déplaçait simplement l'employé de son bureau à son domicile pour l'exécution de certaines tâches. Depuis, le télétravail a gagné en importance ; il est aujourd'hui synonyme d'élargissement des lieux et du temps propices au travail.

Les technologies de l'information permettent en effet d'effectuer le travail aux endroits et aux moments qui conviennent le mieux. Il s'applique principalement à des emplois où prédomine le savoir : apprentissage, programmation et développement, gestion, représentation, marketing, administration, finances et services à la clientèle. Ainsi, les entreprises mettent à la disposition de leurs employés un bureau entièrement mobile avec un ordinateur portable, un télécopieur et un téléphone cellulaire. Dès lors, par simple connexion – à l'intranet, par exemple –, l'employé peut

20. *Entreprendre,* hors série, n° 2, 1997 ; Nathalie Servrankx, *Intranet : un nouvel outil de communication au seuil de l'entreprise,* Louvain-la-Neuve, Éditions C.L.P.C.F. Bruylant-Academia, 1997, 58 p.; Victor Sandoval, *Intranet : le réseau d'entreprise,* Paris, Hermès, 1996, 152 p.; Francis Vidal, Pierre-Yves Sautoyaut, Jean Meilhaud, *Objectifs Intranet : enjeux et applications,* Paris, Éditions d'Organisation, 1998. 198 p.

même effectuer les tâches collectives à partir de son domicile ou de n'importe quel lieu.

Le télétravail offre plusieurs avantages. Pour l'entreprise, cette formule diminue les coûts d'immobilisation en réduisant l'occupation de locaux coûteux dans des édifices commerciaux. Par exemple, IBM Canada affirme avoir réduit les coûts de location de sa division Armonk de 55 % grâce au télétravail à domicile[21]. Dun and Bradstreet Software a diminué aussi de 30 % ses frais immobiliers grâce à la mise en œuvre de son plan de télétravail[22].

En outre, le télétravail permet d'augmenter la productivité de l'employé en moyenne de 15 % à 30 %. La compagnie New York Telephone estime que les gains de productivité dus à ce mode de travail se situent à environ 43 %, alors que Control Data Corporation les a évalués à environ 20 %[23]. Cette hausse de productivité est due à une plus grande tranquillité, à une diminution des interruptions dans le travail, à l'amélioration de l'environnement de travail et à la possibilité pour le télétravailleur de choisir les heures de travail qui conviennent le mieux à son mode de vie.

Pour mesurer l'ampleur de ce phénomène, voici quelques données qui offrent un aperçu de son évolution. Au Canada, le pourcentage du travail autonome par rapport à la totalité des emplois est passé de 13,3 % en 1986 à 17,9 % en avril 1997[24]. Aux États-Unis, il y avait près de huit millions de télétravailleurs en 1996. En l'an 2000, une étude affirme que jusqu'à 20 % de la population active travaillera partiellement à domicile[25].

---

21. *Rapport du comité consultatif sur le milieu de travail en évolution,* chap. 6.
22. « Home is where the office is », *Financial Time,* 16 août 1996.
23. Josée Goulet, « Les nouvelles technologies au cœur de la nouvelle économie du savoir », *Rapport du comité consultatif sur le milieu de travail en évolution,* 1997.
24. « Réalités changeantes, besoins constants », www.reflexion.gc.ca.
25. *Financial Time,* article cité.

La créativité et l'évolution

La créativité constitue donc, dans le monde d'aujourd'hui, l'élément essentiel et dynamique d'un mouvement circulaire qui non seulement ne cesse jamais de tourner, mais qui tourne de plus en plus vite. D'abord, la créativité nourrit et pousse l'évolution qui entraîne l'adaptabilité (obligation de s'adapter), laquelle engendre la créativité, qui de nouveau alimente l'évolution, qui déclenche l'adaptabilité, et ainsi de suite. Plus la densité de la créativité est grande, plus l'évolution accélère. Créativité et adaptabilité sont toutes deux nécessaires au mouvement évolutif.

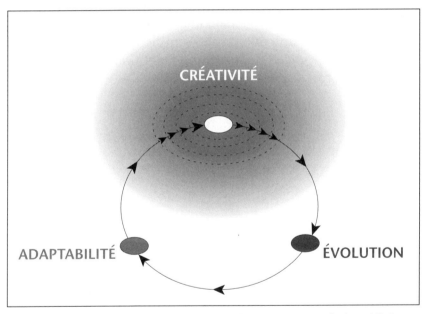

Graphique 1 : La créativité nourrit l'évolution et entraîne l'adaptabilité.

Aujourd'hui, le mouvement, c'est-à-dire la création, de l'un, n'importe où dans le monde, exerce une influence ou crée un effet de déséquilibre sur l'autre, n'importe où dans le monde. Tout geste créatif provoque deux effets. Il oblige d'abord les autres à s'adapter, et ensuite cette adaptation créative provoque un nouveau déséquilibre qui force les autres à s'adapter encore, donc à créer. Cet enchaînement créatif est inattendu et imprévisible. D'ailleurs, l'acte créatif lui-même est totalement imprévisible. S'il était prévisible, il ne serait plus un acte de création.

L'élément déclencheur de l'acte créatif n'est donc plus la prévision qui, au temps où la pensée mécanique dictait la marche à suivre, aiguillonnait et stimulait l'évolution. Aujourd'hui, dans un monde organique, c'est l'adaptation qui remplit ce rôle. En s'adaptant, on s'engage dans un double processus de création.

Le premier consiste à créer des méthodes d'adaptation qui engendrent un état d'alerte permanent où l'on est constamment à l'affût des tendances et disposé à identifier et à saisir les lignes de force de l'évolution. Ce processus est interne et permet une adaptation simple qui pousse à suivre le courant sans pour autant influencer et nourrir l'évolution. Cet acte de création fait que l'on s'adapte aux autres.

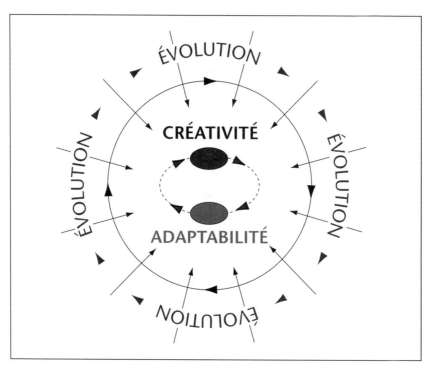

Graphique 2 : Processus d'adaptation interne.

Le second processus d'adaptation produit un acte de création externe qui lance un élément nouveau dans l'évolution, déstabilise et crée un déséquilibre qui oblige les autres à réagir et à s'adapter en créant un autre élément nouveau. Cet acte de création donne donc un coup d'accélération à l'évolution.

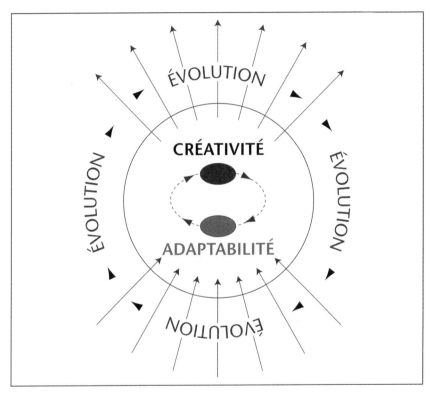

Graphique 3 : Processus d'adaptation qui produit un acte de création externe.

Plus ces actes se multiplient, plus l'évolution roule vite. L'adaptation et la créativité constituent ensemble la clé de la survie et de la viabilité dans le monde organique d'aujourd'hui.

CHAPITRE IV

L'entreprise dans la mouvance organique

L'industrie de demain devra fonctionner comme un écosystème.
JOËL de ROSNAY

L'ACTEUR DANS UNE PIÈCE TOUJOURS IMPROVISÉE

L'économie possède plusieurs des attributs d'un système organique. Tout comme la nature, elle échappe le plus souvent au contrôle systématique, s'adapte à son environnement, change de direction, réagit aux forces de l'extérieur et évolue. Elle est comme la trame d'une pièce de théâtre qui se déroule et ne s'arrête jamais, et où tous les acteurs improvisent continuellement et réagissent aux mouvements, attitudes et gestes des uns et des autres. L'entreprise, avec les autres interprètes de la scène économique que sont, entre autres, les travailleurs, les consommateurs, les marchés financiers et les pouvoirs publics, joue un rôle de producteur et de pourvoyeur de richesse dans un film tourné sans scénario ni metteur en scène.

Les marchés se moquent souvent des influences qui tentent de leur indiquer le chemin à suivre. Combien d'instances aux commandes de la politique monétaire ou de la direction économique d'un État font souvent figure de purs aventuriers perdus dans une forêt où l'équilibre écologique est souvent rompu par des forces qui viennent de nulle part, interviennent sans crier gare et modifient le climat dans une direction imprévisible. Des entreprises japonaises, par exemple, ont tout mis en œuvre pour contrôler le marché du cuivre qui s'est finalement écroulé. D'autres, on s'en souvient, ont utilisé d'astucieux stratagèmes pour dominer le marché de l'argent qui a fini par piquer du nez et ne jamais se relever. La récente crise financière qui a secoué l'Asie a mis plus que jamais en lumière l'interdépendance des composantes économiques. L'étranglement des systèmes bancaires, la chute des valeurs monétaires, la baisse dramatique des profits des entreprises, l'écoulement des biens de consommation en état de stagnation, le niveau des dettes nationales soudainement doublé et même triplé et la dégringolade rapide des stocks boursiers se sont déroulés comme des phénomènes déclenchés les uns par les autres. Une véritable réaction en chaîne, un effet domino, comme il peut s'en produire dans un écosystème lorsqu'un élément déréglé entraîne le déséquilibre de l'ensemble.

Le vocabulaire utilisé pour décrire les états d'âme d'un marché boursier, par exemple, sort tout droit d'un livre de médecine psychiatrique. Le marché boursier devient émotif, nerveux et même dépressif. Il s'énerve, s'emballe, s'emporte, s'excite et, tout en étant fébrile, n'hésite pas à devenir compulsif et même hystérique ; si tout va mal, c'est la déprime, la crise, le krach ou le burn-out, symptômes de la dépression. Cette litanie de diagnostics nous rappelle que ce marché est bien vivant.

L'économie de marché ressemble de moins en moins à une mécanique qui obéit à des procédés prévisibles. Elle est ponctuée de récessions, d'inflations, de déflations, de corrections boursières, de surchauffes et de fluctuations incessantes des parités monétaires ; des régulateurs interviennent à intervalles irréguliers pour ajuster leurs politiques monétaires, changer les taux d'intérêt et contrôler, si nécessaire, les prix et les salaires. L'économie est un écosystème toujours à la recherche d'un équilibre en permanence instable. Et les marchés habitent au cœur de cet écosystème.

La capacité d'adaptation de nos économies à des marchés internationaux de biens et de capitaux à haute densité d'information et de plus en plus dynamiques ont rendu l'économie réelle beaucoup plus stable qu'autrefois. Cependant, l'économie virtuelle que représentent les marchés financiers et leur batterie d'outils très perfectionnés qui éjectent dans l'avenir, en utilisant les données et les connaissances du présent, des prévisions de l'évolution future, reste hautement volatile. La moindre petite variation de l'anticipation que l'on fait de la situation présente peut engendrer une variation extrême dans le futur. Prenons l'exemple d'un fusil dont le bout du canon représente l'économie réelle et la cible, le marché financier. Le plus infime déplacement du bout du canon produira inévitablement un grand éloignement de la cible visée. Il en est ainsi de l'économie virtuelle des marchés financiers, qui nage dans la volatilité.

C'est néanmoins l'énergie et la puissance de l'économie des marchés qui, comme un écosystème, permettent et permettront une plus grande distribution de la richesse dans le monde. Les États ne doivent pas intervenir comme des agents du système, mais comme des créateurs et des protecteurs de l'environnement propice au développement et à la survie de l'écosystème économique.

Mais tout organiques qu'ils soient, les marchés ne créent rien. Ils n'ont pas de tête ni de cœur. Autrement dit, personne ne les contrôle et ils ne sont pas portés à l'affection ni à la tendresse. Les marchés s'adaptent néanmoins à l'ensemble des forces qui les entourent et qui, toutes rassemblées et ramifiées en réseaux interactifs et interdépendants, composent l'ensemble du système de l'économie de marché.

Le cœur de ce système bat au rythme de l'offre et de la demande. Nous savons que c'est le producteur qui offre et le consommateur qui demande. Cette offre relève d'une mécanique de procédés qui se traduit en produits et services étiquetés d'un prix. La demande, libre et sans contrainte, n'a rien d'automatique et réagit comme un organisme vivant. La quantité de ces produits et services offerts sur le marché doit toujours répondre à une demande en constante évolution et d'humeur changeante.

Comme nous l'avons déjà souligné, cette demande aux comportements nerveux et souvent imprévisibles détient le pouvoir et décide de la pertinence et de la viabilité des produits et services offerts. Ceux qui offrent sont à la merci de ceux qui demandent. Autrefois, c'était le producteur qui dictait plus ou moins les règles du jeu, et nous vivions dans une économie plus ou moins mécanique, basée sur une gestion de l'offre. Les régimes communistes en étaient le parfait exemple. C'était une économie de l'offre et non une économie de marché.

Aujourd'hui, le marché mène le bal et sème les impondérables qui obligent les offrants à créer de nouveaux produits et à présenter de nouveaux services qui répondent à de nouveaux besoins. C'est le règne de la valeur ajoutée. Et la roue tourne sans arrêt, actionnée par une demande insatiable. L'entreprise qui veut jouer un rôle actif, progresser et prospérer dans ce monde au visage continuellement changeant, ne peut maintenir une structure rigide et empesée, non plus qu'une gestion mécanique, linéaire et fondée sur des procédés stricts et inflexibles. Elle n'a qu'une seule voie à suivre, s'adapter résolument à l'environnement bien vivant qui est le sien et innover afin d'y recréer des déséquilibres.

Son premier objectif consiste à la fois à observer et à lire l'environnement, c'est-à-dire à identifier les réseaux qui l'irriguent et la nourrissent, et à tout mettre en œuvre pour encadrer, domestiquer et, en quelque sorte, maîtriser la connaissance du milieu évolutif dans lequel elle baigne. L'intelligence de l'entreprise tourne autour de son aptitude à agir, donc à réagir rapidement aux situations et aux circonstances toujours changeantes. Agir et réagir se confondent dans le temps, et s'adapter devient un mode de vie. L'entreprise en arrive ainsi à se comporter, sous plusieurs rapports, comme un organisme vivant.

Certaines entreprises ont su justement observer et lire l'environnement, et s'y sont adaptées avec succès. C'est l'innovation et la créativité qui ont accompagné cette adaptation. Les entreprises Wal-Mart et Compaq illustrent bien comment on réussit à s'adapter activement au milieu.

Le cas Wal-Mart

En 1979, Kmart régnait sur le commerce du détail *discount*. Cette entreprise avait pratiquement créé un concept. Elle bénéficiait d'un avantage de taille, puisqu'elle possédait 1891 magasins dont le chiffre d'affaires moyen s'élevait à 7,25 millions de dollars. Cela permettait des économies d'échelle dans les achats, la logistique et le marketing. À l'opposé, Wal-Mart, un petit détaillant du sud des États-Unis, avait recours à une stratégie de niche. L'entreprise ne possédait que 229 magasins et le chiffre d'affaires moyen n'atteignait que la moitié de celui de son grand concurrent. Pourtant, 10 ans plus tard, Wal-Mart s'est radicalement métamorphosée et a complètement modifié le visage du commerce de détail.

Avec un taux de croissance de 25 % par an, l'entreprise affichait le meilleur ratio de ventes par mètre carré et la meilleure rotation des stocks ; en outre, elle déclarait les résultats d'exploitation les plus élevés de la profession. Elle a lancé le concept des bas prix tous les jours et, au lieu de concentrer ses établissements dans les zones urbaines, elle a construit ses magasins dans de petites villes négligées par les concurrents.

Les objectifs de Wal-Mart consistaient à ne vendre que des produits de qualité, à les rendre toujours accessibles aux clients au bon moment et au bon endroit, à concevoir une structure de coût qui permettait la mise en place d'une politique de prix concurrentiels, et enfin à conserver une réputation de fiabilité absolue. La pièce maîtresse de la stratégie résidait dans la gestion des stocks. L'entreprise a créé un système inédit qu'on appelle *cross-docking*, qui consiste à faire expédier les marchandises vers les entrepôts de façon ininterrompue. Dans ces entrepôts, les marchandises sont sélectionnées, réemballées pour être ensuite expédiées aux magasins sans transiter en dépôt. Plus de 85 % des marchandises sont ainsi gérées. Résultat : les coûts de vente de Wal-Mart sont de 2 % à 3 % plus faibles que la moyenne dans le secteur.

Une autre innovation : les 19 centres de distribution de l'entreprise sont desservis par près de 2000 camions qui permettent de réapprovisionner complètement les rayons 2 fois par semaine en moyenne, alors que la norme parmi les concurrents s'établit à une fois toutes les 2 semaines. En outre, la compagnie a investi 500 millions de dollars pour un système de communication par satellite qui transmet quotidiennement à ses 4000 fournisseurs des données précises concernant tous les points de vente.

Le succès de Wal-Mart repose sur une suite ininterrompue d'initiatives et d'innovations. Elle s'est appuyée sur une innovation organisationnelle, sous-tendue par une vision stratégique et créatrice d'une culture d'entreprise qui intègre, dans un ensemble cohérent, tous les éléments propres à la compétitivité : vitesse de réactivité, qualité, permanence, faculté d'anticipation, souplesse culturelle et circulation fluide de l'information[26].

Le cas Compaq

Lorsque la compagnie d'ordinateurs Compaq a lancé son premier modèle en 1983 – le premier PC compatible avec IBM –, la plupart des acheteurs étaient des utilisateurs

---

26. Michel Robert et Marcel Deveaux, *Stratégie pour innover,* Paris, Éditions Dunaud, 1996, 227 p.; François Dert, *L'art d'innover ou la conquête de l'incertain,* Paris : Maxima, Laurent Dumesnil, éditeur, 1997, 212 p.; Peter Drucker, *Structures et changements ; balises pour un modèle diférent,* Paris, Village mondial, 1996, 302 p.; Robert F. Hartley, *Marketing mistakes,* 6e édition, New York, John Wiley & Sons, 1975, 366 p.; *Harvard-L'Expansion,* n° 67, 1992.

avertis du monde de l'entreprise, férus de technologie. Le produit Compaq, considéré comme une prouesse technologique, coûtait environ 15 % de moins que celui d'IBM, le principal concurrent. Trois ans après son lancement, Compaq rejoignait la liste des 500 entreprises les plus prospères du magazine *Fortune*. Jusque-là, aucune société n'avait atteint ce statut aussi rapidement. Le bras de fer était engagé entre Compaq et IBM. Cette lutte pour dominer le marché a conduit Compaq à fabriquer une gamme d'ordinateurs personnels trop perfectionnés et trop coûteux pour le commun des mortels. Une mauvaise lecture de l'environnement poussait Compaq et aussi IBM à connaître des problèmes à la fin des années 1980. C'était le prix à payer pour avoir négligé le client, c'est-à-dire pour ne pas avoir été attentif à ses besoins.

Cependant, le lancement, en 1989, du SystèmePro de Compaq, son premier serveur, annonçait le retour de l'entreprise à l'avant-scène. Il était conçu pour servir cinq systèmes d'exploitation et acceptait de multiples programmes d'exploitation. Cette innovation spectaculaire allait au-delà des besoins des consommateurs puisque, après une recherche auprès des utilisateurs, Compaq a découvert que la majorité d'entre eux n'utilisaient qu'une infime partie de la machine. À l'écoute des attentes de ses clients, l'entreprise a conçu le serveur ProSignia, extrêmement simplifié, pour qu'il se contente des applications Netware, fichiers et impressions.

Lancé en 1992, le ProSignia offrait une capacité doublée en matière de fichiers et d'impression par rapport au système précédent, le SystèmePro, et coûtait trois fois moins cher. Alors que la concurrence tentait d'imiter ProSignia, Compaq a amorcé un nouveau virage de créativité et d'innovation, en misant sur le service.

L'entreprise ne considérait pas ses serveurs comme des produits isolés, mais plutôt comme des maillons dans la chaîne des besoins informatiques de ses clients. En se concentrant justement sur les attentes de ses clients, Compaq a lancé de nouveaux produits toujours plus performants,

comme le ProLiant 1000, un serveur qui abrite deux logiciels innovants, et a maintenu sa position de leader mondial
des fabricants de serveurs.

En innovant constamment et en misant toujours sur la
valeur ajoutée, Compaq a réussi à se maintenir à une distance
confortable de ses concurrents. Ces innovations à répétition
qui nourrissent et accélèrent l'évolution démontrent que l'entreprise se maintient en état permanent de créativité[27].

Le succès de ces deux entreprises repose donc sur leur
capacité de faire une lecture pertinente de l'environnement,
de s'adapter à l'évolution, d'innover et ainsi de laisser libre
cours à la créativité. Savoir lire le milieu environnant constitue la première et peut-être la plus importante des actions
d'une entreprise vivante qui adopte la gestion organique.

Imaginons, par exemple, une entreprise qui veut tirer
son épingle du jeu dans l'industrie des télécommunications.
Pour y arriver, il lui faudra bien davantage faire appel à sa
capacité de réagir et de s'adapter qu'à son aptitude à prévoir
et à planifier. Débrouiller ce qui grouille dans cette industrie
peut se comparer à une partie d'échecs qui se jouerait sur un
échiquier à trois étages.

Il y a d'abord l'étage des télécommunications ou du transport, ensuite celui des technologies de l'information – c'est-
à-dire les ordinateurs et les logiciels opérationnels qui tiennent
lieu de support matériel –, et enfin celui des contenus. Chaque
pion que l'on déplace à un étage donné influence non seulement les prochains mouvements qui y seront effectués, mais
aussi ceux des autres échelons. En fait, il faut non seulement
prévoir les coups qui se jouent sur les deux dimensions du
premier échiquier, mais aussi tenir compte des mouvements en

27. *Harvard-L'Expansion,* n° 82, 1997, 212 p.; Michel Robert et Marcel
    Deveaux, *Stratégie pour innover,* Paris, Éditions Dunaud, 1996, 227 p.;
    François Dert, *L'art d'innover ou la conquête de l'incertain,* Paris :
    Maxima, Laurent Dumesnil, éditeur, 1997, 212 p.; Peter Drucker,
    Structures et changements ; balises pour un modèle diférent, Paris ;
    Village mondial, 1996. 302 p.; Robert F. Hartley, *Marketing mistakes,* 6^e
    édition ; New York ; John Wiley & Sons. 1975. 366 p.

diagonale effectués sur les deux autres. C'est comme un écosystème où plusieurs organismes agissent en même temps et à de multiples niveaux. Tout devient imprévisible. Voilà bien une mission fort difficile à réaliser pour un simple mortel.

Est-il aussi possible, pour cette entreprise, par exemple de prévoir en détail le processus d'implantation d'une stratégie de développement et de croissance, en suivant la méthode traditionnelle de réflexion, d'analyse et de planification, compte tenu des nombreuses variables qui se déplacent rapidement dans l'environnement ?

Il y a d'abord les nouvelles technologies qui surgissent à tout moment et qui sont introduites sur le marché ; ensuite, les déréglementations et les privatisations qui s'affichent à l'échelle de la planète ; de plus, l'agitation des nombreux joueurs d'une industrie où se multiplient les fusions et les alliances qui se font à peu près tous les jours ; et surtout, les humeurs capricieuses des consommateurs qui décident des biens et services répondant le mieux à leurs besoins du moment.

La difficulté première, qui devient souvent un obstacle, provient de l'incapacité de repérer avec justesse les lignes de force et les tendances toujours en mouvement qui circulent, s'entrecroisent, apparaissent et disparaissent dans l'environnement de chacun des niveaux du triple échiquier. Ce flux de données et de paramètres dont il faut tenir compte et surtout leur mouvance rapide nous font vite comprendre que l'accouchement d'un processus d'implantation clair, détaillé et précis de la stratégie de cette entreprise appartient au royaume de l'impossible. Ce processus reposera plutôt sur l'adaptation aux multiples variables, c'est-à-dire les forces et les tendances, qui évoluent dans l'environnement.

Si un environnement dynamique, évolutif et complexe dépérit au point de rendre inopérante la capacité de prévoir et de planifier d'une entreprise qui veut y vivre et y prospérer, c'est l'adaptabilité qui doit prendre le relais.

S'adapter, c'est pouvoir repérer, dans l'évolution en cours, les changements signifiants qui façonnent l'avenir, c'est pouvoir y réagir et s'ajuster en conséquence.

L'ADAPTABILITÉ : LA RÈGLE DU JEU

Une entreprise se comporte et respire comme un organisme vivant. Cellules, organes, systèmes, croissance, recherche permanente d'équilibre, réaction, adaptation et évolution. Et à la base, la cellule, l'employé.

Le plus petit dénominateur commun

Comme un organisme dont chacune des plus petites parties, intérieures et extérieures, réagit et s'adapte à son environnement, l'entreprise qui adopte l'approche organique de gestion confie d'abord à son plus petit dénominateur commun, l'employé, la tâche première de s'adapter à son environnement immédiat. Elle lui donne comme mission de se tenir en permanence à l'affût des forces évolutives qui bougent alentour, dans le marché s'il travaille par exemple en stratégie commerciale ou chez le consommateur s'il est vendeur.

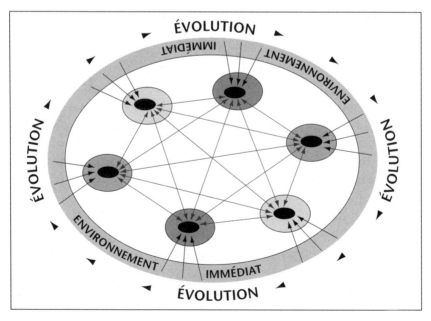

Graphique 4 : L'employé s'adapte et partage ses connaissances.

Après avoir découvert, pénétré et déchiffré le milieu évolutif qui influence son travail quotidien, l'employé ne se contente pas de réagir et de s'adapter, il communique aux autres employés le contenu de ses découvertes. Et ce partage de connaissances qui se propagent en réseau à l'échelle de l'entreprise constitue le fondement même de la nature organique de l'ensemble.

L'éventail des qualités nécessaires pour qu'un employé puisse fonctionner dans un milieu organique gravite autour de l'autonomie et de l'adaptation. L'employé doit être capable d'initiative et, par conséquent, de créativité, avoir l'esprit ouvert et, incorrigible curieux, être toujours disposé à observer. Il se veut objectif et factuel dans sa lecture de l'environnement, souple et capable de changer d'idée et d'accepter que l'environnement influe sur son comportement et sa façon de faire.

Quant au milieu ou à l'entreprise organique, elle doit tout mettre en œuvre pour créer un climat où sont célébrées les qualités de l'employé énoncées plus haut, où on l'encourage et où on récompense l'initiative, la créativité et l'adaptabilité. La direction doit, on l'a déjà dit, déterminer l'encadrement et fixer les balises à l'intérieur desquelles l'employé exercera ses activités. On ne lui propose pas de circuler sur une voie ferrée qui ne dévie jamais de la direction à suivre, mais on l'invite plutôt à canoter sur une rivière en tenant compte du courant et en s'assurant que son canot n'échoue pas sur les rives qui sont justement l'encadrement et les balises. L'employé jouit ainsi d'une marge de manœuvre large et souple.

La complexité du milieu qui évolue et qui pousse à l'adaptation croît à mesure que se multiplie le nombre de cellules exposées. L'employé doit s'adapter, par exemple, à une réalité mouvante beaucoup plus simple à lire que celle à laquelle est exposé le service auquel il appartient, que celle de la division qui renferme plusieurs services et que celle enfin de la haute direction qui doit composer avec un univers évolutif d'une grande complexité. Chacune de ces composantes doit également s'adapter à son entourage immédiat.

La complexité se développe, s'accroît et s'amplifie à partir d'une substance, d'un élément ou d'une règle de base très simple. Une graine, par exemple, que l'on plante dans une terre fertile et qui a pour fonction d'assurer la reproduction d'un arbre, est petite, simple, dépouillée et embryonnaire. Elle renferme un code génétique, une sorte de patrimoine caché, qui la pousse à se développer d'une certaine manière et à se complexifier jusqu'à former un arbre dont les ramifications ne cessent jamais, tant qu'il est en vie, de se multiplier. Ce phénomène d'émergence fait le parcours du petit au grand, du simple au compliqué, de l'élémentaire au perfectionné.

Le jeu d'échecs est un autre exemple d'émergence de règles simples, distinctives et propres à chacune des pièces qui, en se déplaçant sur l'échiquier, engendrent une probabilité infinie de permutations. Et pourtant, le mouvement de chaque pièce est à la fois simple et particulier. Le pion avance d'une case à la fois, le fou se déplace en diagonale, le cavalier progresse obliquement et les tours glissent en ligne droite. On encadre les probabilités de déplacement de chaque pièce en limitant l'évolution de leurs mouvements. Les règles sont simples, mais dès qu'un joueur bouge une pièce du jeu, il enclenche immédiatement une multitude de possibilités de permutations que l'adversaire amplifie à son tour en déplaçant l'une de ses pièces.

La complexité croît à mesure que la partie progresse et qu'augmente l'interaction des joueurs. Cela devient comme un écosystème, où chaque joueur doit s'adapter au mouvement de l'autre pour réaliser l'objectif connu qui est de mettre le roi en échec en l'empêchant de bouger sans être pris.

Il en est ainsi de l'entreprise dont l'objectif est d'assurer sa rentabilité et sa survie et de garantir sa croissance. Le code génétique que l'on transmet dans une entreprise est véritablement un encadrement des probabilités de développement et d'évolution. Et chaque employé se déploie à l'intérieur d'un cadre qui permet à l'entreprise d'évoluer vers l'atteinte des objectifs qu'elle s'est fixés.

La complexité provient non seulement de l'augmentation du nombre de variables dont il faut tenir compte, mais de leur interaction et de leur interdépendance. Une variable est toujours changeante, agit sur les autres et réagit constamment. Elle exerce une fonction différente par rapport à chacune des autres. Plus il y a de variables, plus la complexité s'amplifie. Au début du siècle, l'individu n'avait pas à réfléchir longtemps pour décider où faire fructifier son épargne. Il la déposait à la banque la plupart du temps, achetait des obligations émises par l'État ou des actions offertes sur le marché boursier, ou bien faisait des prêts à intérêts. Aujourd'hui, il faut compter avec un nombre beaucoup plus grand de marchés boursiers et avec la grande diversité des valeurs mobilières qui y sont offertes et s'y échangent quotidiennement, sans oublier les contrats à terme, les options et les milliers de fonds communs de placement. Il est beaucoup plus difficile aujourd'hui de choisir le meilleur moyen de faire fructifier son épargne. L'environnement économique s'est complexifié et a tendance à se complexifier davantage.

À l'intérieur d'une structure organique, l'employé jouit donc d'une grande autonomie et n'a pas à attendre de directives de quiconque pour agir et pour réagir aux stimuli de l'environnement. Cette réaction résulte d'une lecture pertinente de l'environnement, doublée d'une faculté d'adaptation aux forces et aux contraintes qui tiennent l'évolution en haleine. Comme la cellule, l'employé est excitable et réagit aux fluctuations du milieu. La gestion organique privilégie la capacité d'adaptation et de communication de l'employé plutôt que l'aptitude à exécuter les directives d'autrui qui le tiendrait à l'abri de toute responsabilité des effets et conséquences de ses actions.

La gestion traditionnelle et conventionnelle d'une entreprise, formaliste et mécanique, consiste à enjoindre à l'employé d'exécuter son travail sans se soucier au préalable de l'environnement. Son rendement est évalué en fonction de la qualité et de la quantité des tâches accomplies. La définition du travail à effectuer et la façon de faire sont le dernier maillon d'une chaîne d'ordres et de directives qui descendent du haut de la pyramide de gestion. Le moindre imprévu devient un obstacle qui empêche l'employé d'accomplir ses tâches comme prévu. L'employé est coincé. La rétroaction se met en branle jusqu'à l'autorité dirigeante, et l'employé en panne d'action entre dans une longue période d'attente de nouvelles instructions. Voilà bien l'image d'une gestion mécanique. Le plan d'action, le travail à faire et la façon de l'exécuter sont prescrits par la direction. C'est comme une chaîne de montage ou une robotique humaine en action.

Dans une gestion organique, plutôt que de subordonner l'employé à des directives rigides, on encadre ses probabilités d'évolution pour qu'il s'adapte, réagisse naturellement et accomplisse ses tâches en tenant compte de son environnement immédiat. Il dispose ainsi d'une autonomie et d'une liberté d'action qui activent son esprit créatif. La direction n'intervient pas pour lui dicter ce qu'il faut faire dans telle ou telle circonstance. Elle lui propose un cadre à l'intérieur duquel il peut s'exprimer et décider de ce qu'il faut faire. Ce cadre doit être suffisamment ouvert et souple pour laisser à l'employé la latitude nécessaire à son épanouissement. L'entreprise n'a pas l'esprit créateur. Seul l'individu possède la faculté de concevoir, d'imaginer et d'inventer. Et, dans une organisation, l'individu, en raison de son appartenance à tel service ou à telle division, est spécialisé, comme chacune des cellules d'un organe vivant.

Pour illustrer ce qu'un encadrement des probabilités peut signifier par rapport à l'évolution d'une entreprise, prenons l'exemple de la compagnie Téléglobe qui a décidé, en 1992, de transformer l'entreprise à vocation nationale ou canadienne qu'elle était en une organisation à vision internationale et mondiale. Déjà, en décidant de se déployer sur tous les marchés du monde, Téléglobe s'est définie de façon singulière et différente de ce qui la déterminait jusqu'alors. À partir de là, les traits et les particularités qui la caractérisaient ne seront plus les mêmes. L'encadrement des probabilités d'évolution de l'entreprise prend une toute nouvelle tournure. D'abord, il sera essentiel pour elle de recruter et d'intégrer au sein de son personnel, des individus qui ont une connaissance de la dynamique des marchés mondiaux et qui ont acquis de l'expérience dans un contexte international et concurrentiel. Ensuite, elle devra cesser de se concentrer exclusivement sur le marché canadien qui devient désormais l'un des nombreux marchés visés. En plus, la structure organisationnelle de l'entreprise adoptera un tout autre profil.

Il lui faut aussi définir la spécificité des marchés qu'elle vise ; cette démarche déterminera le type de produits et services à développer et à adapter selon l'évolution des besoins et des attentes des consommateurs. Toutes ces étapes vont constituer le nouvel encadrement de l'entreprise à l'intérieur duquel se développeront librement les probabilités d'évolution.

Cette évolution a suivi, dans les faits, un tempo qui a pris l'allure de trois mutations. La première était interne et visait à préparer l'organisation à sortir des frontières canadiennes à l'intérieur desquelles elle était confinée depuis toujours. Ensuite, ce fut la période d'expansion et de mise en place de plusieurs bureaux dans le monde, avant l'étape finale de la mondialisation et de l'établissement des réseaux. Ces mutations traduisent l'évolution de l'organisme en fonction des limitations des probabilités.

Les organes en interaction et le cerveau intégrateur

En remontant le cours de la hiérarchie des différents écosystèmes qui constituent l'ensemble de l'organisation organique, c'est-à-dire les employés, les sections, les services, les divisions et la haute direction, nous constatons que le flux de l'information et des communications a tendance à circuler à l'horizontale. Cela ne descend pas d'en haut comme dans l'organisation de type mécanique. Les murs et barrières entre les entités s'effacent pour laisser passer l'oxygène nécessaire à la respiration de tout le corps constitué. Chaque partie du tout ne contrôle personne et n'est contrôlée par personne. Le cerveau, c'est-à-dire la direction de l'entreprise, joue le rôle d'un intégrateur et non celui d'un contrôleur. Dans la gestion organique, le cerveau n'est pas un organe de contrôle, mais un centre de communication, de stockage et de traitement de l'information. Il ne loge pas au-dessus. De l'univers qu'est l'entreprise, de ce cerveau qu'est la direction, le chef d'entreprise constitue l'âme, le souffle de vie.

Au contraire, dans une entreprise de gestion autoritaire et mécanique, le dirigeant exerce un contrôle sur l'ensemble des activités qui conduisent à la réalisation des objectifs fixés. Liée très intimement à la notion de pouvoir qui est, pour ainsi dire, son corollaire, cette maîtrise permanente des étapes de production menant au résultat escompté entraîne la plupart du temps l'éclatement de l'organisation. Ceux qui occupent les différents échelons de la pyramide administrative accomplissent leurs tâches dans un climat de contrainte où l'inspection, la vérification, la surveillance et les communications verticales étouffent l'esprit d'initiative, l'innovation et la créativité, autrement dit la vie.

Ce type d'organisation directionnelle est fondé sur un système préalablement établi avec ses règles et ses comportements insensibles aux changements et à l'évolution du milieu. Une telle organisation va de l'avant et s'attend que l'environnement s'adapte et suive sa direction. On a vu, ces dernières années, des entreprises de gestion mécanique, imperméables aux appels du marché et aux signes de l'environnement, péricliter et dépérir de façon dramatique. De nombreuses entreprises ont même été rayées de la carte, au cours de la dernière décennie, faute d'avoir su lire et comprendre l'évolution des marchés.

Deux entreprises, au cours des dernières années, se sont affaiblies et ont perdu l'éclat et le leadership qu'elles détenaient au sein de leur industrie faute d'avoir su décoder les tendances et les mouvements de l'évolution du milieu ambiant : General Motors et Apple.

General Motors

Le géant de Detroit a réussi, pendant longtemps, à s'imposer devant son concurrent principal, Ford, en faisant preuve d'une grande créativité et aussi de sensibilité envers les désirs et les besoins de sa clientèle. Ainsi, GM a su réinventer l'automobile : l'invention du système de transmission moderne, le système de ventilation du bloc-moteur, l'amélioration du freinage sur quatre roues et hydraulique, le perfectionnement des freins assistés, la mise au point de la climatisation, etc.; autant d'innovations et d'initiatives destinées à répondre aux besoins exprimés par la clientèle. GM fabriquait des voitures sûres, fiables et à prix abordable. Un changement n'attendait pas l'autre, et l'entreprise capitalisait sur son aptitude à identifier les tendances qui favorisaient l'évolution. General Motors a été pendant longtemps et jusqu'à la crise du pétrole, en 1973, la plus grande et la plus puissante entreprise du monde.

Depuis 1973, la machine s'est enrayée et tout se passe comme si GM n'était plus en mesure de comprendre le marché et de faire face à la concurrence. Il est vrai que les besoins du marché se transformaient rapidement, poussés par l'arrivée massive de nouvelles technologies et par des pratiques commerciales nouvelles. Vers la fin des années 1980, la part de GM dans le marché américain avait chuté de 33 %, une perte de 11 points en 5 ans seulement. Au même moment, la part des constructeurs japonais passait de 7 % à 26 %. Les résultats d'une étude entreprise par J.D. Powers & Associates sont encore plus éloquents : 42 % des acheteurs de véhicules neufs ne tiendront même pas compte du constructeur GM dans l'éventail de leur choix.

La force de GM s'appuyait sur une stratégie qui considérait que le marché intérieur était homogène dans ses valeurs, mais segmenté par catégories de revenus extrêmement stables. Mais, vers la fin des années 1970, le marché s'est fragmenté en segments hautement volatils liés au style de vie. Le revenu du consommateur n'était plus désormais qu'un des nombreux facteurs qui le poussaient à acheter. GM aurait

pu s'adapter à ce nouveau contexte en changeant ses méthodes de production qui reposaient uniquement sur les cou-
ches de revenu. Or, GM a réagi à ce changement en automa-
tisant sa chaîne de production au coût très élevé de
30 milliards de dollars et en négligeant le marché qui rece-
lait un des meilleurs potentiels : les fourgonnettes et les
véhicules utilitaires légers.

À cette erreur stratégique doit s'ajouter celle d'une fixation obsessionnelle sur les marges bénéficiaires. Après le
premier choc pétrolier, le marché américain des petites voitures peu gourmandes a explosé ; les constructeurs ne suffi-
saient plus à la demande. Les temps avaient changé, mais pas
GM qui laissait à ses concurrents le soin de récolter les fruits
de cette grande demande. La coccinelle de Volkswagen s'est
emparée de presque 10 % du marché américain. En outre,
GM n'a fait aucun effort pour disputer le marché aux Japonais qui dominaient, car les marges des petits véhicules lui
paraissaient ridicules en comparaison de celles des grosses
voitures.

GM persistait dans sa gestion mécanique, ne s'adaptait
pas à l'environnement et n'était pas à l'écoute des besoins
des consommateurs. Aujourd'hui, GM a non seulement
perdu des parts de marché importantes, mais également le
leadership du style des véhicules. Elle n'a pas su faire une
lecture pertinente des tendances et ne s'est pas adaptée à
l'évolution du marché[28].

Apple
Cette entreprise a déjà tenu la dragée haute à tous les
autres fabricants de micro-ordinateurs. Elle dominait son
industrie. Mais insensible à l'évolution de son milieu, elle a
perdu son leadership.

---

28. François Dert, ouvr. cité ; Peter Drucker, ouvr. cité ; Taïb Hafsi, Jean-
    Marie Toulouse *et al.*, *La stratégie des organisations : une synthèse*,
    Montréal, les Éditions Transcontinental, 1996, 628 p.

À l'heure où le secteur informatique explose avec une croissance de plus de 16 % en 1997, les résultats financiers de la firme Apple sont catastrophiques. En 1995, le chiffre d'affaires était de 11 milliards de dollars. Il a glissé à 9,8 milliards en 1996 pour tomber à 7 milliards en 1997. Habituée à occuper la plus haute marche des podiums, Apple vient de sortir du groupe très fermé du peloton de tête des cinq fabricants de micro-ordinateurs : Compaq, IBM, Hewlett-Packard, Dell et Toshiba. Côté bénéfices nets, Apple s'enfonce dans le rouge. Les pertes dépassent, en 1997, le milliard de dollars.

Depuis toujours, le succès d'Apple s'est construit sur la différence et surtout sur la créativité et les innovations. Cette grande différence se concrétisait sur des ordinateurs technologiquement plus avancés que ceux du monde des ordinateurs personnels et surtout sur des logiciels dont les maîtres-mots étaient la clarté et la simplicité d'utilisation. Il ne faut pas oublier qu'Apple a été la première à commercialiser la souris, le clic et le double clic. L'entreprise n'a toutefois pas su trouver les bonnes réponses stratégiques à mesure que la concurrence, Microsoft en tête, mettait sur le marché des produits toujours plus performants qui menaçaient l'originalité de la marque Macintosh. Depuis 1994, Apple a commis trois erreurs principalement dues à une lecture erronée du marché et surtout à l'ignorance de l'évolution rapide de l'environnement.

La première erreur d'Apple fut de multiplier les modèles d'ordinateurs à tel point que les distributeurs, qui en perdaient leur latin, n'arrivaient pas à conseiller justement les consommateurs. Par exemple, les clients pouvaient trouver deux ordinateurs semblables sous deux noms différents.

La deuxième erreur fut de nature industrielle. Apple s'est lancée dans la course à la puissance et à la vitesse afin de redonner à la marque l'avance perdue au profit du monde des ordinateurs personnels équipés des fameux microprocesseurs Intel Pentium. Plusieurs nouveaux modèles mis en marché connurent de cuisants échecs. Ainsi, la dernière génération des portables d'alors, les PowerBook 190 et 5300, connut de si graves problèmes techniques que près de 20 % des utilisateurs retournèrent leur machine au vendeur.

L'erreur la plus grave de la compagnie fut de nature stratégique, fondée sur une mauvaise lecture de l'évolution des marchés ou de la demande. La baisse vertigineuse de ses parts de marché, relevée en 1994, venait du fait que cette entreprise était le seul fabricant à défendre son système en interdisant à la concurrence d'utiliser son standard, contrairement à IBM. Résultat : le marché est aujourd'hui dominé à 95 % par des ordinateurs personnels, ne laissant qu'un maigre 5 % à la compagnie qui tenait le haut du pavé à peine quelques années auparavant.

Apple n'a pas vu passer l'évolution, s'est comportée comme une entreprise qui détenait la vérité et a géré ses affaires de façon mécanique, sans tenir compte de l'appel des tendances qui bougeaient dans l'évolution. L'entreprise ne s'est pas adaptée à l'environnement qui se transformait rapidement et changeait le visage du marché[29].

On ne peut exiger des forces évolutives et perpétuellement changeantes qui s'agitent alentour qu'elles s'adaptent à quiconque. Il est facile de maintenir une stabilité constante lorsqu'on ignore les tendances et les changements qui dansent autour de soi. Il faut plutôt entrer dans la danse et en épouser la cadence du mieux qu'on le peut pour évoluer et progresser. C'est ainsi qu'une entreprise qui favorise l'évolution comme mode de gestion se met à l'abri de l'immobilisme, de la fixité, et donc du dépérissement.

Pour illustrer ce qui précède, imaginons un conte fantastique où un individu déciderait de gagner la région arctique et d'y vivre complètement nu. Bien sûr qu'il ne tiendra pas le coup, à 40 sous zéro, dans son costume d'Adam. Il ne peut pas compter sur l'environnement pour s'adapter à son

---

29. *Le Point,* n° 1312, 8 novembre 1997, « Informatique : l'agonie d'Apple », p. 84 ; *Harvard-L'Expansion,* n° 561, 20 novembre 1997, « Steve Jobs, patron prêcheur », p. 84.

état de nudiste. La température ne se réchauffera pas et le soleil ne se rapprochera pas de la terre pour lui rendre l'existence supportable. En d'autres mots, il ne peut espérer que le milieu s'adaptera et se transformera pour qu'il puisse simplement continuer à vivre.

Mais s'il était possible de lui injecter, avant son départ, une potion magique (un code génétique) qui, en réaction aux rigueurs du climat, épaissirait sa peau et ferait pousser sur la surface de son corps un pelage suffisamment fourni et consistant pour lui assurer la survie, son organisme changerait, évoluerait et s'adapterait à l'environnement. Le code ainsi transmis prédisposerait donc son organisme à se transformer et à s'adapter le plus vite possible, en réduisant au maximum la période de déséquilibre causée par le contact brutal avec le grand froid.

Il en est de même dans une entreprise qui choisit de placer l'adaptabilité au centre de son action. Et le dirigeant de cette entreprise a pour premier devoir de la maintenir en vie. Il arrive même parfois que la réalité vécue dans les entreprises dépasse la fiction de notre conte.

Cette vie, c'est le bassin de créativité que doit s'appliquer à créer le chef d'entreprise qui devient le rassembleur et l'intégrateur d'énergie de l'ensemble des forces qui l'entourent. Un tel bassin ne tombe pas du ciel spontanément et ne se forme pas sans crier gare.

Le chef d'entreprise intervient en deux temps. D'abord, la responsabilité de choisir les ressources avec qui il veut partager sa vision et réaliser ses projets lui appartient en propre. Chacun de ces individus, choisis judicieusement pour leur compétence, leur valeur et surtout pour leur capacité d'adaptation, a pour mission de favoriser et de stimuler les courants créatifs qui circulent au sein des différentes composantes de l'entreprise.

Entouré de ses joueurs, le dirigeant leur propose alors son plan de match. Après avoir exposé clairement sa vision, il faut que le chef indique l'orientation qu'il entend donner à l'entreprise et définisse les balises à l'intérieur desquelles elle suivra son cours. Orientation et balises, direction et encadrement. À la tête d'une organisation vivante, le dirigeant se transforme en généticien d'entreprise.

TRANSMISSION DES CODES GÉNÉTIQUES

Les codes que le chef d'entreprise sème dans toute son organisation sont d'abord des instructions génériques qui déterminent la nature et le type d'organisme qu'il veut établir et ensuite des directives précises qui portent sur des attitudes et des façons de faire. Prenons l'exemple de l'être humain qui possède un code génétique à la fois générique et spécifique ; générique en ce qu'il définit le type d'être – le genre humain – et spécifique en ce qu'il détermine l'individu. Le code génétique établit par exemple les paramètres de la main. Cette main, selon le caractère générique du code génétique, a cinq doigts et aura toujours cinq doigts. Cependant, le milieu où évolue l'individu, son métier, le lieu où il habite dans le monde, entre autres, exercent une influence déterminante sur, notamment, la longueur ou la grosseur de ses doigts, leur musculature, leur souplesse ou leur force, définis par le caractère spécifique de son code génétique. Depuis sa transmission qui remonte à la nuit des temps, ce même code génétique – la main – n'a pas cessé de changer et de s'adapter à de multiples environnements. Il en est ainsi des instructions ou des codes transmis par les dirigeants aux employés d'une entreprise évolutive et adaptable au milieu toujours changeant qui l'entoure.

Pour pouvoir définir et transmettre les codes pertinents au sein de l'organisation, il faut d'abord repérer, dans l'environnement, les éléments clés dont il faudra tenir compte pour déterminer le genre de voie que l'on choisira de poursuivre.

Codes d'orientation

Dans le monde actuel, il est capital de pouvoir déchiffrer les messages que livre le milieu pour être en mesure d'envoyer les bons codes dans le système vivant de l'organisation. Il faut reconnaître que les signes environnants ne sont pas toujours complexes et qu'une gestion mécanique, non seulement peut, mais doit parfaitement convenir à certaines industries ou divisions distinctes et particulières d'une entreprise. Prenons l'exemple de la construction d'un pont.

Les éléments dont il faut tenir compte pour planifier avec exactitude et gérer méthodiquement l'érection du pont sont clairs, connus, analysés en détail et tous pris en considération. Qu'il s'agisse du climat saisonnier très marqué, qui influe sur l'élasticité des joints d'expansion, ou des matériaux résistant aux intempéries prévisibles ou encore de la densité anticipée du trafic routier, l'environnement se lit comme un livre ouvert et ne cache pas de secrets. Une gestion mécanique fait très bien l'affaire dans ces circonstances où les probabilités que le milieu change ou évolue apparaissent très minces et où les changements anticipés sont prévisibles. En d'autres mots, la gestion organique n'est pas appropriée lorsqu'on peut identifier avec précision les paramètres de l'environnement.

Mais il en est tout autrement lorsque l'air ambiant se complexifie et que le nombre et la volatilité des variables accroissent la difficulté de prévoir et ouvrent la porte à l'aléatoire. Le système économique, par exemple, est un organisme vivant et son environnement est souvent imprévisible. Il évolue constamment au gré des mouvements de capitaux, des humeurs des consommateurs, des fluctuations des marchés et de nombreuses autres variables. Il est en mouvance continue, et prévoir avec précision ses allées et venues apparaît extrêmement difficile. Sa lecture appartient à l'univers du probable. La crise économique qui a frappé certains pays d'Asie à l'automne 1997 illustre bien que le système économique est plein d'impondérables. Il est cependant possible d'observer et d'identifier, après coup, les lignes de force et les grandes directions qu'ont empruntées, dans les six mois qui ont précédé la crise, ces systèmes économiques.

Par quels détours d'analyse, d'anticipation ou de prévoyance aurait-on pu pressentir et prédire la catastrophe économique qui a frappé ces pays? Les économies de la Thaïlande, de l'Indonésie, de la Corée du Sud, de la Chine et même du Japon ont subi un séisme dont les secousses sismiques ont entraîné dévaluations dramatiques des monnaies, faible taux de croissance du PIB – et même décroissance pour certains –, endettement lourd à porter, chute des indices boursiers, systèmes financiers et bancaires en déconfiture, voire au bord de la faillite. Bref, des économies qui, à divers degrés, survivent dans un état d'asphyxie. Même si certains observateurs ont pu identifier les lignes de force qui poussaient les marchés asiatiques dans une direction annonciatrice d'un désastre économique et financier, aucun n'a prévu l'ampleur de la catastrophe.

Examinons de plus près ce qui a pu se passer dans ces pays avant le déclenchement de ce qu'on a appelé la crise de l'automne 1997. Nous verrons que le développement de l'économie n'a rien de mécanique et se moque de l'encadrement. Et nous verrons surtout, une fois de plus, que le monde organique évolue rapidement et qu'il est souvent imprévisible.

Près de trois ans après la crise mexicaine, les crises financières se sont succédé dans les pays émergents. Cette fois-ci, il s'agit des pays de l'Asie du Sud-Est, notamment la Thaïlande, l'Indonésie, les Philippines et la Malaisie. Auparavant, ces pays avaient voulu barricader leurs économies pour mieux partir à l'assaut des marchés mondiaux. Comme Hong-Kong, ils ont aligné leurs monnaies sur le dollar américain pour stabiliser leur prix et leurs taux d'intérêt et contenir le coût de leurs importations.

Devenus quelques-unes des principales destinations des capitaux privés du monde, ces pays ont connu une croissance vertigineuse de leur produit national brut, entre 1993 et 1996, alors que les pays industrialisés, au cours de la même période, affichaient une faible croissance de leur PNB. Attirés par les perspectives de rendements élevés qu'offraient ces pays, les investisseurs internationaux ont acheté massivement des titres. Aussi, l'afflux des capitaux a provoqué une appréciation des monnaies locales qui diminuait le coût d'endettement extérieur pour les emprunteurs et ouvraient des perspectives de plus-value pour les investisseurs internationaux. Avec l'effet boule de neige, l'attrait des marchés asiatiques a fait grimper les cours de la Bourse de ces pays.

Les systèmes économiques de ces pays fonctionnent comme des écosystèmes qui maintiennent l'équilibre entre une multitude de variables qui respirent en réseaux interdépendants : croissance du PNB, flux de capitaux, arrimage de leurs monnaies à la devise américaine, marché boursier haussier, etc. Tout se maintient en équilibre. Si l'un des éléments s'essouffle, le déséquilibre s'installe alors et l'écosystème commence à déraper, tout comme cela se passe dans une entité organique.

Ce dérapage qui devait prendre l'ampleur d'une débâcle en règle s'est déroulé comme un jeu de domino. D'abord, systématiquement, en toile de fond, au cours de cette période, le déficit courant de tous ces pays oscillait entre 3 % et 14 %. Mais l'élément déclencheur du déséquilibre de l'écosystème fut justement l'annonce, à l'été 1996, du niveau élevé du déficit courant de la Thaïlande, qui suscita les premières vagues de spéculation contre la monnaie locale. La perspective de moins-value incita rapidement les investisseurs à vendre leurs créances pour ne pas rester «collés» avec des actions dévalorisées. Cette variable de l'écosystème économique enclencha un déséquilibre qui ébranla rapidement les autres variables qui réagirent avec rapidité. Ce fut le déclencheur d'un processus organique de dégradation.

Ce retrait provoqua une baisse du taux de change qui allait augmenter davantage la moins-value pour les investisseurs étrangers qui, elle, allait entraîner de nouvelles ventes. Résultat : une baisse de 8 % de la Bourse de Bangkok. Le déséquilibre s'étendit et tout se mit à débouler. Le même scénario se produisit aux Philippines, en Malaisie et en Indonésie. L'instabilité toucha du même coup la valeur des monnaies qui subirent des vagues de spéculation entraînant leur flottement

et une chute de leur valeur de 20 % à 30 %. L'« organisme »
économique s'emballait. Adieu l'arrimage des monnaies fra-
gilisées par la devise américaine. L'écosystème de toute l'Asie
était alors ébranlé. Les variables interdépendantes s'agitèrent
et réagirent l'une après l'autre, tout comme dans un organisme vivant en état de dépérissement.

Et voilà que l'effet domino prit une ampleur planétaire.
La dette de la Corée du Sud, la onzième économie du
monde, était estimée, en décembre 1997, à 200 milliards de
dollars, détenue à environ 35 % par des banques japonaises
déjà titulaires d'une multitude de créances douteuses. Cela
risquait d'ébranler le Japon qui détenait une grande part des
bons du trésor américains.

Et pour boucler la boucle, la crise se propagea brutalement dans les marchés occidentaux. La Bourse de New York
enregistra une perte de 7,18 %. Cette baisse entraîna dans
son sillage les marchés européens et latino-américains[30].

Cette crise s'est véritablement déroulée comme une suite
ininterrompue de déséquilibres qui se produisaient dans un
véritable « organisme » économique où chacune des nombreuses variables était touchée, réagissait et entraînait des
troubles de régulation qui alourdissaient tout l'ensemble du

---

30. *Alternatives économiques,* n° 156, février 1998, « Et si la crise se
    propageait ? », p. 22 ; *Alternatives économiques,* n° 154, décembre
    1997, « L'Asie se paye un krach », p. 28 ; *Le Point,* n° 1306, 27 sep-
    tembre 1997, « Asie du Sud-Est : les « tigres » dans la tourmente », p. 72 ;
    Le Point, n° 1311, 1er novembre 1997, « Bourses : le grand frisson du
    Krach », p. 68 ; *Le Point,* n° 1325, 7 février 1998, « Crise asiatique : le
    Japon tombe de haut », p. 72 ; *Le Monde diplomatique,* février 1998,
    « Tempête sur l'économie mondiale : la face financière d'une crise de
    surproduction », p. 18-19 ; *The Economist,* mars 1998, « Frozen
    Miracle », p. 59 ; *Le Nouvel Observateur,* n° 1721, 30 octobre 1997,
    « Bourses : le Krach asiatique fait trembler l'Occident », p. 14 ; *Le
    Nouvel Observateur,* n° 1732, 15 janvier 1998, « Asie, jusqu'où ira la
    crise ? », p. 20 ; *Le Nouvel Observateur,* n° 1753, 11 juin 1998, « Avis
    de tempête sur Hong-Kong », p. 19 ; *Le Nouvel Observateur,* n° 1756,
    2 juillet 1998, « le « Thaïtanic » toujours pas renfloué », p. 18.

système. Et elle illustre bien le caractère impondérable du système économique. Il bouge dans tous les sens, n'obéit à aucune loi, naît, se développe, se détériore et renaît différemment. C'est un ensemble d'écosystèmes à la recherche permanente d'équilibre. C'est un milieu organique qui n'a rien en commun avec le procédé mécanique.

L'univers économique est cependant composé de forces, de vagues et de tendances qui circulent et interagissent, et qu'il est parfois possible d'identifier. Prenons l'exemple de l'environnement Télécom dans le monde, où trois forces et tendances signifiantes sont repérables : la déréglementation, l'évolution des technologies et la possibilité que les fournisseurs de services soient séparés de ceux qui possèdent les infrastructures. La déréglementation favorisera l'arrivée d'un plus grand nombre de concurrents sur le marché et multipliera la quantité d'offres et de choix. Qu'il s'agisse de la fibre optique, du sans-fil ou du numérique, entre autres, l'évolution des technologies se déroule à folle vitesse, et de nouvelles gammes de produits et services apparaissent à intervalles toujours plus rapprochés. Enfin, les détenteurs des infrastructures de télécommunications ne sont plus les seuls à offrir les nombreux services que leurs réseaux permettent de dispenser. Une multitude de nouveaux joueurs sont déjà sur le terrain et offrent des services spécialisés en utilisant les installations liées aux infrastructures des autres qui sont déjà en place avec leurs équipements technologiques.

Habitée par une énergie et une vigueur toujours plus grandes, l'industrie des services de télécommunication va connaître une croissance exponentielle grâce à l'arrivée de nombreuses nouvelles entreprises sur tous les marchés désormais non réglementés qui se multiplient de plus en plus rapidement. Les marchés financiers vont canaliser une grande partie de leurs capitaux disponibles vers ce secteur d'activités. Et les entreprises déjà solidement établies vont devoir composer avec une concurrence beaucoup plus intense et effrénée.

À partir de ces trois paramètres – la déréglementation, l'évolution des technologies et la séparation des fournisseurs de services et des propriétaires d'infrastructures – qui dessinent l'environnement et qui apparaissent comme des vagues sur lesquelles il faut surfer, comment orienter, par exemple, une entreprise infrastructurelle comme Téléglobe, en situation de monopole sur le marché canadien? Comment larguer les amarres et s'éloigner du mode d'infrastructure à caractère monopolistique pour se rapprocher du client en se mettant au régime du marketing, du conditionnement, du *branding* et du développement de nouveaux services? Trois codes ont été définis et transmis aux composantes de l'entreprise.

D'abord, Téléglobe allait désormais étendre ses opérations et déployer son énergie à l'échelle de la planète. Cette expansion libérait l'entreprise des limites d'un seul marché et l'exposait à la nouvelle réalité d'un univers concurrentiel où rivalisaient de nombreux joueurs stimulés par le train de privatisation et de déréglementation qui passait partout dans le monde.

Ensuite, il fallait, du côté des ressources humaines, embaucher des collaborateurs venant de différents horizons, expérimentés et formés pour évoluer dans un contexte de concurrence où les marchés sont dispersés aux quatre coins du globe. Ces nouveaux arrivants devenaient des catalyseurs dans l'entreprise en incitant l'ensemble des employés à changer et à s'adapter à la nouvelle réalité et aux nouveaux défis.

Enfin, un centre de renseignements stratégiques a été mis sur pied, composé d'individus dont les qualités répondaient aux exigences d'un ensemble organique: curiosité, souplesse, autonomie et aptitude à communiquer. Ce centre avait pour fonction principale de fournir aux différents services et à tous les employés de l'entreprise une partie de l'information nécessaire à la prise de décision.

Ces trois codes ont agi comme des germes de changement et ont eu pour effet de réorienter le navire Téléglobe, qui a mis le cap sur le monde et les marchés qui l'habitent.

Système immunitaire

L'entreprise est menée comme un organisme qui s'adapte rapidement à un environnement en perpétuel changement.

Tout va vite. On ne regarde pas la vague passer, on saute dessus et on surfe en attendant la prochaine. C'est une organisation où chaque palier d'autorité s'adapte à l'évolution qui l'entoure. Le rôle de la direction n'est surtout pas d'administrer par voie de décrets et de surveiller l'exécution de ses directives jusqu'au bas de la hiérarchie, mais bien de proposer une orientation générale de l'entreprise, orientation que chaque composante s'approprie selon sa spécialisation et met en application dans un esprit d'ouverture au changement et d'adaptation à l'évolution observée dans son environnement immédiat. Il arrive que la direction doive régler par voie d'arbitrage un différend qui risque d'affaiblir une partie de la force cohésive de l'ensemble et de ralentir l'allure de l'entreprise. C'est son rôle, dans un système complexe, de toujours rechercher l'équilibre, même précaire, qui est la suite naturelle de l'adaptabilité à l'évolution.

Une organisation ainsi constituée développe un système immunitaire capable d'absorber les agressions et de contrer les virus qui apparaissent et qui créent des états instables plus ou moins longs. Un employé ou un service en panne d'action ou de solution à un problème, ou même en état de crise, est rapidement et en quelque sorte naturellement repéré et entouré par le système qui lui administre une ponction ou lui inocule un vaccin. Le déséquilibre ne peut pas passer inaperçu et le processus de rééquilibrage est aussitôt déclenché pour maintenir l'entreprise en bonne santé, donc capable de s'adapter, d'innover et par le fait même d'évoluer.

La dynamique évolutive ainsi établie dans l'entreprise étouffe le statisme et crée un processus continu de recherche d'équilibre nécessaire au changement qui exprime l'adaptabilité de l'univers organique. L'entreprise est vivante. Les individus qui travaillent dans l'entreprise respectent l'ensemble des valeurs qui forment l'encadrement des probabilités d'évolution. Si l'un d'entre eux dévie et ne tient pas compte de ces valeurs dans le cadre de ses activités, il sera automatiquement et naturellement rejeté par les autres et ne pourra plus agir. Le système immunitaire fonctionne lorsque les codes génétiques qui forment l'encadrement sont clairs et assumés par l'ensemble des employés. Les déviants sont repérés. Ou bien ils corrigent leur tir ou leur façon d'agir ou bien ils ne cadrent plus dans l'ensemble et sont rejetés.

Codes des ressources humaines et de gestion

Dans une organisation organique, le choix des individus qui la composent devient en quelque sorte un code génétique lâché dans le système. C'est au chef d'entreprise que revient la tâche principale d'évaluer les aptitudes d'un candidat à un poste donné. Le postulant sera choisi davantage pour ses qualités de jugement que pour son bagage de connaissances.

La caractéristique principale d'un groupe d'exploitation organique réside dans sa faculté d'agir de façon autonome à l'intérieur d'un cadre d'évolution qu'on lui a défini, et non selon des directives précises et rigoureuses reçues de la direction.

Pour illustrer cette façon de faire, voyons comment un dirigeant d'entreprise d'ici, par exemple, peut transmettre des codes à un groupe chargé de commercialiser un produit ou un service en Chine. La recette pourrait consister à utiliser les méthodes familières de commercialisation utilisées en Amérique en les adaptant au contexte chinois. Cette manière d'agir suit le mécanisme déjà éprouvé d'un processus connu. La gestion organique, quant à elle, met de côté le manuel d'instructions, circonscrit les activités du groupe d'exploitation à l'intérieur d'un cadre où latitude et autonomie font bon ménage avec l'évolution du milieu, et, comme principal carburant du dynamisme et de l'énergie du groupe, impose l'adaptation permanente à l'environnement par l'innovation.

Les premiers codes transmis sont relatifs aux produits et services qui seront offerts. Ils peuvent être de trois ordres. D'abord, leur exploitation doit devenir rentable à moyen terme. Une période de trois à cinq ans est arrêtée pour atteindre l'objectif proposé. Ensuite, ces produits doivent être conformes à des standards de haute qualité. Ces normes doivent être fixées en fonction du marché chinois et non en fonction du marché américain, ce qui peut avoir une grande incidence sur les coûts d'exploitation et le prix à la consommation qui, eux aussi, doivent correspondre aux attentes du marché local. Enfin, les produits et services doivent répondre aux besoins des consommateurs. Voilà, par exemple, trois codes « génétiques » qui servent d'encadrement au groupe chargé d'implanter ce service de commercialisation en Chine. Ces codes sont transmis par le dirigeant ou l'équipe de direction qui, à des milliers de kilomètres du champ d'opération, laisse progresser le groupe à partir des paramètres généraux qu'il a définis. Aucune façon de faire et d'agir n'est imposée d'en haut.

Trois autres codes sont transmis, liés cette fois aux qualités de gestionnaire des individus dont le profil a été défini par le dirigeant : honnêteté intellectuelle irréprochable, capacité de gérer en pleine et totale autonomie et par conséquent sens aigu de l'entrepreneurship, et respect envers les collaborateurs, les partenaires et les clients. C'est à l'aide de ces critères que le rendement des individus sera évalué. Et, en parallèle, on mesurera le degré de rentabilité, les standards de qualité du produit et du service, et la satisfaction des consommateurs. Ce groupe vole donc de ses propres ailes et, comme un organisme, est équipé pour se développer, progresser, se modifier si besoin est, et s'adapter au milieu particulier dans lequel il évolue. Mais il peut arriver que certaines exigences de l'environnement pèsent trop lourd et entravent le processus d'adaptation.

Par exemple, si les standards de qualité trop élevés entraînent une augmentation des coûts et par conséquent du prix du produit, le consommateur n'aura pas les moyens de le payer. Par ailleurs, le groupe de commercialisation doit vivre avec un code qui place ces standards à un niveau trop élevé. Dans ces conditions, le dirigeant qui a imposé ce code le modifiera afin de répondre à la réalité du milieu et à l'évolution du marché. Un niveau moins élevé des standards de qualité, mais toujours supérieur par rapport au marché local, permettra de réduire les coûts de production et d'offrir aux consommateurs un produit à prix abordable, et l'entreprise de commercialisation pourra poursuivre ses activités et progresser.

D'autres codes peuvent changer pour permettre à l'entreprise d'absorber le changement que commande l'évolution du marché. Une entreprise organique enlève sa veste lorsque souffle le vent du sud et enfile un pull de laine à l'arrivée d'un vent glacial. Elle s'adapte toujours à l'évolution qui lui apporte le déséquilibre nécessaire pour maintenir en état d'alerte son énergie et sa vitalité.

Codes: philosophie, culture et valeurs
Télésystème: entreprise organique

Télésystème est une entreprise de télécommunications qui, avec des activités dispersées aux quatre coins du monde et des placements dans plus de 50 entreprises, toutes des coentreprises, reste concentrée sur des secteurs en croissance rapide: les télécommunications sans fil, les communications intercontinentales et les technologies de l'information. Trois secteurs à croissance rapide et continue, qui font partie des plantes vivaces de la nouvelle économie.

Bien assise sur une philosophie claire et précise et nourrie d'une culture dont la dynamique et la puissance d'action tournent autour de trois valeurs essentielles et d'une approche d'entrepreneurship et de partenariat, Télésystème avance et se développe rapidement. Sa structure est bâtie et son mode d'opération réglé pour faire face aux intempéries du monde évolutif qui l'entoure, et surtout pour s'adapter à tout moment aux impératifs qu'impose sans avertissement l'environnement changeant et imprévisible.

Le code principal de gestion est précis: les dirigeants exercent le métier de propriétaire et non celui d'investisseur ou de gestionnaire d'entreprises. Nous touchons ici le noyau dur de l'entrepreneurship. Cette mentalité de possédant canalise toutes les énergies vers le développement et le maintien de la valeur de l'entreprise, et vers sa croissance sur fond d'horizon à long terme. C'est souvent la différence entre la volonté d'entreprendre et celle d'investir ou simplement de gérer. Dans le premier cas, on veille à la pérennité de ses intérêts et, dans les deux autres, on se préoccupe du rendement et on voit à l'intendance. Le propriétaire se préoccupe de la continuité de l'entreprise et en assure la pérennité. Plusieurs estiment qu'être propriétaire confère simplement un statut, alors qu'il transporte la dynamique de celui qui exerce un métier. L'entrepreneur est une personne de métier, un homme de terrain.

Cette philosophie renferme deux composantes, deux codes spécifiques, qui définissent clairement la façon de faire de l'entreprise. D'abord, il est essentiel de pouvoir exercer une influence déterminante sur le choix et l'évaluation des gestionnaires qui forment le cœur du management des coentreprises. Ensuite, il importe de jouer un rôle prépondérant dans le développement et la détermination de la stratégie à long terme de la coentreprise. Avec en main les clés de la gestion, Télésystème peut ouvrir les portes de la direction stratégique. Et avec l'esprit de propriétaire comme toile de fond, il va de soi que les intérêts des coentreprises passeront toujours avant les intérêts de Télésystème.

En somme, le visage de Télésystème épouse les traits de chacune des coentreprises. C'est comme une famille qui partage les mêmes valeurs et baigne dans la même culture.

Les codes porteurs des valeurs sont essentiellement à l'échelle des membres de l'organisation : d'abord le respect absolu de l'autre, qui est toujours une cellule essentielle au fonctionnement de l'organisme ; ensuite, l'honnêteté intellectuelle, qui charrie avec elle franchise, probité et intégrité ; enfin, l'autonomie, qui gratifie l'indépendance et la liberté d'action.

Télésystème, à vrai dire, c'est un entrepreneur.

Cette approche entrepreneuriale embrasse trois dimensions qui sont à la fois interactives et interdépendantes : la structure est organique ; la priorité est accordée au savoir-faire et non au capital ; et le mode de développement repose sur la création de partenariats. La structure organique est conçue pour s'adapter à l'environnement plus que pour en prévoir l'évolution. Souplesse, ouverture au changement, capacité d'observation, aptitude à repérer les courants et les tendances qui habitent l'évolution et habileté à réagir rapidement au milieu environnant en sont les caractéristiques.

Ainsi, Télésystème est composée d'une communauté décentralisée de petites et moyennes entreprises, libres et autonomes, qui communiquent entre elles et s'adaptent les unes aux autres. Elles respirent le même air, c'est-à-dire qu'elles reçoivent de la direction les mêmes codes génétiques qui renferment les valeurs fondamentales et les éléments de la culture d'entreprise. Ces codes couvrent un ensemble de choix et d'options qu'elles doivent privilégier selon les circonstances. Balisées et encadrées, ces PME agissent et réagissent chacune comme un entrepreneur. L'analyse du risque et l'audace dans l'action font partie de leur quotidien.

À cette première composante de l'approche entrepreneuriale s'en ajoute une deuxième : la priorité du savoir-faire sur le capital, la suprématie du talent sur l'argent. Un code qui privilégie le capital humain. Il est essentiel de toujours placer, sur les cases de l'échiquier, les bonnes personnes aux bons endroits. Le capital n'a jamais manqué et ne manquera jamais. Ce qu'il faut, ce sont des gens de talent et d'un savoir-faire reconnu qui peuvent repérer les occasions d'affaires, analyser et mesurer le rapport risque/rendement, maîtriser les risques inhérents à l'administration de l'entreprise et en gérer le capital. Avec des individus de cette qualité à la barre, le capital ne se fait pas prier. C'est la créativité et l'innovation qui priment.

La troisième composante est la création de partenariats, qui est le mode de développement et de croissance privilégié. Télésystème n'en contrôle aucun. Elle a choisi de convaincre plutôt que de dicter ou d'imposer. La règle du jeu, c'est d'être à l'écoute de ses partenaires et de répondre à leurs besoins.

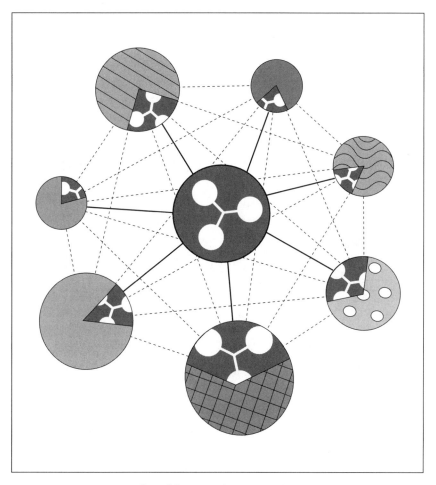

Graphique 5 : Le partenariat.
Mode organique de développement et de croissance.

Une entreprise qui adopte l'approche organique d'organisation et de gestion est donc structurée comme un système ouvert et souple, composé de cellules et d'organes qui agissent et réagissent, changent et évoluent. Elle est armée pour s'adapter aux conditions et aux exigences imposées par l'environnement dans lequel elle est plongée. Chaque employé ou cellule se comporte en propriétaire du ou des procédés qui composent ses responsabilités sans pour autant s'en sentir prisonnier. Au contraire. Il est impatient d'apprendre et de partager ses connaissances avec les autres unités de l'organisation, et, toujours à l'écoute des changements qui surgissent dans l'environnement, de s'y adapter. Cette dynamique engendre le ferment qui nourrit l'énergie et maintient la vitalité de l'organisation : la créativité.

LA CRÉATIVITÉ :
L'INSÉCURITÉ AU SERVICE DE LA RICHESSE

Dans un monde organique, évolutif par nature, l'acte créatif devient un acte de gestion évolutive, alors que dans un monde mécanique, prévisible par nature, le même acte s'inscrit dans une logique de procédés. Par exemple, nous savons que les systèmes économique et météorologique font partie de l'univers organique. Les économistes et les météorologues, à l'aide de données statistiques et des ordinateurs les plus perfectionnés, vivent dans l'imprécision, modifient leurs jugements au gré du vent qui souffle et apprivoisent l'inattendu. L'exercice de leur métier repose sur leur aptitude à donner un sens aux relations entre des variables qui vivent dans l'instabilité et le mouvement permanents.

Le premier stimulus qui pousse un milieu organique à bouger, à agir et à réagir provient du déséquilibre et de l'instabilité. Ce qui nous entoure est changeant, mobile et volatil. Ainsi se comporte le système évolutif. Il se nourrit de mouvements perpétuels et est sans cesse en quête d'équilibre. Lorsqu'il l'atteint, tout fonctionne bien jusqu'au prochain déséquilibre. Il faut que l'organisation soit prête à s'adapter. Dès que l'action s'en mêle, elle entraîne une réaction qui pousse vers une nouvelle action, laquelle attise une réaction, et ainsi de suite. La créativité est au centre de ce processus de changement, de cette roue qui tourne.

À l'opposé, le système statique, c'est-à-dire celui qui vit dans une forme d'équilibre mécanique, fait penser au funambule qui marche sur sa corde raide. Rien n'est laissé au hasard. La mécanique est au point. La réaction du public ou toute influence extérieure ne changera rien au déroulement prévu avec exactitude, c'est-à-dire à la marche du funambule du point A au point B. Le plan de l'artiste est immuable et l'équilibre est parfait. L'entreprise-funambule ne gère pas le déséquilibre, mais plutôt la recherche de l'équilibre.

Une entreprise qui gère mécaniquement est toujours, comme le funambule, sur la corde raide. Elle reste indifférente et imperméable aux multiples changements et mutations qui fournissent l'énergie qui alimente la dynamique de l'évolution. L'adage populaire qui dit « qui n'avance pas recule » prend ici tout son sens. Ainsi campée aux antipodes de la créativité, l'entreprise risque d'être effacée du milieu vivant qui l'entoure.

La créativité est comme un immeuble qui se construit sur le savoir des autres. C'est du choc des idées qui courent dans les réseaux d'individus que naît l'acte créatif. Pour illustrer comment la créativité peut arriver, exploser et rayonner, revenons à la dynamique qui anime les musiciens d'une *jam-session*.

Nous sommes dans la famille éclatée de l'improvisation collective et nous planons en plein univers organique lorsqu'un ensemble de jazz, à partir d'un thème ou d'une trame, invente spontanément des mélodies, virevolte sur des harmonies qui changent au gré du moment, pousse un soliste dans une avenue toujours inconnue, écrit instantanément des harmoniques dont s'emparent les instrumentistes qui ne cessent de dialoguer sur des sujets en perpétuelle évolution. Le résultat est bon ou mauvais, mais c'est une œuvre musicale qu'on ne pourra plus jamais reproduire exactement de la même manière et avec précisément la même intensité.

Une *jam-session* n'a donc rien de mécanique. On sait quand ça commence, mais on ignore quand ça finit. Chaque participant donne ce qui lui est propre. C'est un chaos harmonieux où les instrumentistes s'influencent et s'inspirent les uns les autres à l'infini, et l'ordre qui prend la forme d'une mélodie vient du caractère évolutif du jeu des musiciens. Chacun doit s'adapter à l'ensemble. Il suffirait de remplacer un instrument par un autre ou d'ajouter (ou d'éliminer) un ou deux musiciens, et la mélodie serait tout autre. La créativité rejette la répétition et appelle une idée nouvelle, qui en fera naître une autre, et ainsi de suite. De plus, les musiciens peuvent, en réponse aux réactions du public, rajuster le tir en changeant le tempo par exemple, ou en appuyant sur une ligne musicale particulièrement appréciée. Cette faculté d'adaptation est typique de l'entité organique qui réagit instantanément à l'environnement. Aucune partition ne vient sécuriser les instrumentistes et chacun avance toujours en état de déséquilibre. L'insécurité et le déséquilibre alimentent l'impulsion créative de façon continue[31].

Un orchestre symphonique qui exécute une œuvre de Mozart, par exemple, ne pourrait pas, dans les mêmes circonstances, faire preuve de la même souplesse. Il lui faut respecter la partition du compositeur et l'interpréter comme l'a proposé le chef d'orchestre au cours des répétitions. L'orchestre est à l'opposé du monde organique. Tout est mécaniquement prévisible. Si un incident inattendu survient, par exemple une réaction négative du public au beau milieu du deuxième mouvement d'un concerto, tout doit continuer comme prévu. L'environnement change, mais n'influence en rien le déroulement du concert. Le plan de match ne change pas. Les étapes s'enchaînent comme prévu et l'objectif de jouer l'œuvre jusqu'à la fin est atteint.

La *jam-session* et le concert symphonique illustrent bien, d'une part, la souplesse et l'adaptabilité d'une structure et d'une approche organiques et, d'autre part, la rigidité et l'invariabilité de l'organisation mécanique.

Dans une entreprise qui choisit le mode de gestion organique, le dirigeant joue le même rôle que celui qu'on pourrait appeler le « leader » de l'ensemble de jazz. Il propose une orientation ou fixe le code à suivre, tout comme

---

31. John Kao, *Jamming. The Art and Discipline of Business Creativity*, New York, HarperCollins Publishers, 1996, 204 p.

le leader soumet un thème musical. Il choisit avec précision ses collaborateurs selon leurs compétences spécifiques, comme le leader sélectionne les musiciens qui exécuteront les variations sur le thème proposé. Et finalement il veille à ce qu'on ne dévie pas de son orientation tout comme le leader de l'ensemble musical assure le respect du thème adopté.

Dans le monde économique, le producteur joue le rôle de l'orchestre et le consommateur ou le client celui de l'auditoire. Le premier vend ses produits ou offre ses services et le second les achète ou les loue. Lorsque le client ne suit plus ou consomme moins un produit déterminé, c'est le déclin et souvent la mort du producteur. Un ensemble musical ne joue pas longtemps devant des salles vides. Il en va de même dans le système de l'économie de marché. Ce marché, animal qui bouge et qui évolue de façon souvent imprévisible, oblige l'entreprise à s'ajuster rapidement. Elle doit faire partie du changement et sauter sur le terrain de jeu, plutôt que d'observer dans les gradins la partie qui se joue. Seule l'entreprise qui adopte et cultive une gestion où s'épanouissent la créativité et l'innovation pourra survivre et prospérer dans ce monde nouveau.

CHAPITRE V

L'État organique
à l'école de la société

LE BONHEUR DES CITOYENS

Jusqu'à présent, nous avons examiné comment la gestion organique permet aux entreprises industrielles et commerciales ainsi qu'aux établissements qui offrent des services de déchiffrer l'environnement, de réagir au milieu et de s'adapter de façon créative aux changements qui habitent l'évolution. Cette gestion ne se pratique avec efficacité que dans un environnement complexe. Et cette complexité vient de l'interaction des multiples éléments qui nourrissent l'évolution et qui en accentuent l'imprévisibilité.

Une activité qui suit un processus linéaire et dont le résultat est prévisible n'appelle pas une gestion organique. C'est plutôt l'approche mécanique avec sa planification rigoureuse, son cheminement critique et son suivi précis qui doit être adoptée. Mais si l'organisation doit, pour avancer, tenir compte d'une multitude de variables qui interagissent et qui engendrent des trajectoires inattendues et imprévisibles, la complexité s'installe comme dans un écosystème où tous les éléments sont à la recherche d'équilibre, alors l'adaptation devient la règle du jeu.

S'il y a une organisation qui baigne dans un environnement qui s'apparente à un écosystème, c'est bien l'État. L'ensemble des citoyens forme réellement un environnement organique complexe, habité de contradictions, de divergences et de convergences, de besoins et d'exigences, et toujours en quête d'équilibre. Le présent chapitre traitera de la gestion organique de l'État.

Nous connaissons la raison d'être des entreprises industrielles et commerciales. Elles visent essentiellement à créer la richesse économique. Cette richesse est obtenue par la réalisation du profit, engendré lui-même par la création de produits et de services et leur commercialisation, et par le travail des individus. Quelle est la raison d'être qui justifie l'existence de l'État ? La raison d'être de l'État est simplement d'assurer le bonheur de ses citoyens. Et ce bonheur se traduit à la fois par le bien-être des individus dans une société et leur satisfaction envers l'État. Trop souvent, l'État s'affaire à préserver, à consolider et à protéger le pouvoir qu'il détient. Il emprunte le chemin de l'autogratification. Et c'est l'État au service de l'État. Une gestion mécanique suffit amplement à faire fonctionner une organisation égocentrique. Assurer le bonheur des citoyens appelle cependant une gestion organique, ouverte, adaptative et vivante.

Le bonheur du citoyen repose essentiellement sur la création de la richesse. Tout comme l'entreprise qui aspire à créer la richesse, l'État réussira à assurer le bonheur des citoyens en créant un environnement qui favorisera l'éclosion, le développement et l'épanouissement de plusieurs types de richesses. Pour dessiner cet environnement, le gouvernement se sert d'une palette d'artiste où figurent les trois couleurs primaires : la richesse sociale, la richesse culturelle et la richesse économique.

Le gouvernement doit doser chacune de ces couleurs et favoriser les combinaisons qui conviennent le mieux pour atteindre au bout du compte une harmonie qui donne le tableau d'ensemble de la richesse collective. Chacune des couleurs doit être traitée avec un doigté qui exige une connaissance et une appréciation de leurs composantes.

La richesse sociale renferme les composantes suivantes : le juste équilibre entre les droits et les devoirs des citoyens, l'équité – non pas l'égalité – qui porte en elle la justice, et la liberté de choix.

Autour de la richesse culturelle gravitent l'identité qui cimente le partage des valeurs, la créativité et la liberté d'expression.

Pour fleurir, la richesse économique exige un haut degré d'employabilité de la population active, l'accès aux marchés et un milieu favorable à la compétitivité et à l'entrepreneurship.

Ces trois richesses doivent être prises en chasse permanente par un gouvernement qui doit laisser au vestiaire le caractère stérile de la gestion mécanique et s'ouvrir à l'exercice organique du pouvoir. Les technologies actuelles de production et de transmission instantanée de l'information permettent à une organisation imposante et complexe comme un gouvernement d'adopter une gestion organique, c'est-à-dire une conduite qui se tient à l'écoute de l'évolution et des tendances de l'environnement ou de la collectivité, et qui réagit et s'adapte de façon créative et innovatrice. On obtient de nos jours en un rien de temps le pouls de l'opinion sur n'importe quel sujet d'intérêt public, l'état des différents secteurs économiques, le portrait de la situation sociale et le reflet de la vie culturelle. Il ne s'agit cependant pas de gouverner au sondage et au gré de ce qui bouge, mais au contraire de proposer des orientations claires qui encadrent les possibilités d'évolution. Cet encadrement détermine l'environnement où les citoyens peuvent évoluer librement.

À l'ère de la créativité, le gouvernement d'aujourd'hui peut emprunter plusieurs chemins qui mènent à la création de la richesse et au bonheur des citoyens. Nous tenterons dans le présent chapitre d'ouvrir certaines avenues qui pourraient y conduire. Des avenues qui sont autant de voies d'accès vers la formation, la croissance et l'épanouissement de la richesse collective.

L'intention ici n'est pas de proposer des solutions clés en main à des problèmes actuels. Ce n'est pas le but de l'exercice. Le propos est de donner des exemples de gestion organique de l'État, effectuée dans un contexte favorable où seraient réunies les conditions pour l'exercer avec succès.

Plusieurs des propositions qui suivent pourraient difficilement se réaliser dans le contexte socio-politique actuel où l'État et les citoyens ne seraient pas préparés à jouer pleinement les rôles qui leur seraient dévolus dans un milieu où régneraient la décentralisation réelle du pouvoir, la responsabilisation du citoyen, et la valorisation de la créativité et de l'innovation. En réalité, il en serait ainsi pour n'importe quelle grande entreprise où le chef de la direction voudrait passer d'une gestion mécanique à une gestion organique sans une transition ordonnée, c'est-à-dire sans préparer adéquatement son organisation.

Le chef d'État qui choisirait de gouverner à partir des principes de la gestion organique, sans au préalable avoir mis en place, dans une période de transition, les paramètres nécessaires pour en tirer profit pleinement, ne pourrait diriger avec succès. Il est essentiel d'instituer d'abord un climat favorable à l'application d'une gestion qui appelle un nouveau cadre de relations entre l'État et ses citoyens. Et le leader qui saura bien préparer cette transition et implanter les principes de gestion organique dans la société, transmettra, de façon durable, les instruments nécessaires pour assurer le bonheur des citoyens.

CLIMAT FAVORABLE À LA CRÉATION DE LA RICHESSE COLLECTIVE

La mission principale de l'État dans l'univers économique consiste à mettre en place les conditions favorables à la création de la richesse, et non d'investir au nom et en lieu et place de la collectivité dont il a la responsabilité d'administrer les biens. C'est du côté des institutions, des organisations, des exploitants commerciaux et des individus qu'il faut se tourner pour faire pousser les plantes de la richesse.

Ces plantes ne se cultivent et ne poussent que lorsque sont réunies des conditions favorables et propices à leur croissance et à leur épanouissement. L'effort de l'État consiste à fournir la bonne terre, le soleil et l'eau, qui sont indispensables. La terre, c'est la richesse sociale avec l'équité et la liberté de choix en tête de liste ; le soleil, c'est la richesse culturelle avec sa liberté d'expression, ses valeurs qui forgent l'identité, et sa créativité, une ressource illimitée ; l'eau et la pluie, c'est la richesse économique que les agents économiques entretiennent et alimentent sous un ciel où fermentent la compétitivité, l'employabilité et l'accès aux marchés. L'État n'est pas une plante : il ne doit pas s'occuper d'ensemencer, mais doit veiller à ce que les plantes puissent croître et s'épanouir dans un environnement favorable. L'État n'a pas à investir les deniers publics et à devenir un agent économique, mais à s'investir dans son rôle de metteur en scène.

Le gouvernement doit d'abord s'appliquer à poser les grands principes sur lesquels la collectivité va se construire et se développer. C'est son rôle premier. Ces principes de base servent à la fois de fondement, sur lequel s'appuie l'organisation sociale, économique et culturelle, et de guide qui en favorise le développement et la croissance. En langage organique, le gouvernement doit déterminer les codes génétiques, les disséminer, assurer leur application et surveiller leur développement. Quels sont ces grands principes ?

Le premier objectif qu'une société doit s'efforcer d'atteindre, c'est de créer sa propre richesse économique, sociale et culturelle. Les dirigeants doivent tout mettre en œuvre pour favoriser et même faciliter l'éclosion ou la création de cette richesse, et pour fixer les balises, dont ils seront les gardiens, à l'intérieur desquelles elle pourra se développer, croître et s'épanouir.

Ensuite, le gouvernement doit assurer la cohésion du tissu social et encourager les relations entre les citoyens sur une base d'équité et de juste équilibre entre leurs droits et leurs devoirs. Cette cohésion cimente l'identité de l'ensemble et renferme l'énergie nécessaire pour alimenter la richesse collective.

Enfin, il est essentiel que l'accessibilité au savoir tout comme le droit à la justice et à la santé ainsi que la liberté de choix soient à la portée de tous. Il s'agit bien ici non seulement d'un principe, mais d'un droit qu'il appartient au gouvernement de maintenir et de renforcer.

Aujourd'hui, les technologies nouvelles fournissent des outils d'accession à la connaissance qui n'existaient pas jusqu'à tout récemment. Hélas! tous n'y ont pas accès, ou plutôt n'y ont pas droit, pour les mêmes raisons qu'autrefois on ne franchissait pas les portes des collèges – dont aujourd'hui l'accès est gratuit –, sans les ressources financières nécessaires. Les autorités doivent donc ouvrir à tous les nouvelles portes du savoir.

Ce n'est pas tout de déposer sur la table les clés de la richesse et de l'accession au savoir sur une nappe d'équité, il faut laisser aux convives le privilège de décider comment et à quel rythme ils veulent s'en servir. Il est nécessaire que les pouvoirs publics évitent le piège de la surveillance, du contrôle et de l'attitude interventionniste, qui débouche inévitablement sur le cadre lourd de la réglementation et constitue un frein à la liberté de choix. C'est une tentation à laquelle les gouvernements ont peine à résister. La plupart y succombent. En revanche, la décentralisation des pouvoirs et la prise en main des leviers de décisions par les instances les plus proches du citoyen où sa participation responsable est un préalable, favoriseront l'éclosion et la création de la richesse. Gardien des grands principes seulement, le gouvernement doit remettre entre les mains du peuple, en d'autres mots, aux petites collectivités publiques, le pouvoir de déterminer le cadre le plus favorable à l'éclosion et à l'épanouissement de leur richesse économique, sociale et culturelle.

La table est mise. L'État fixe le cadre et détermine le climat qui favorisera la création de la richesse collective. Il s'agit bien de balises qui laissent le ferment social se développer librement, organiquement. Les grands principes sur lesquels la collectivité va se construire et se développer sont, en langage organique, des codes génétiques. Encadrer, catalyser les forces qui bougent sans cesse et stimuler le développement sont autant de codes génétiques que transmet l'État. Il s'agit bien de circonscrire les probabilités d'évolution de l'ensemble de la collectivité et de laisser circuler en toute liberté l'énergie naturelle des citoyens, génératrice première de la richesse collective.

LA RICHESSE SOCIALE :
LE CITOYEN INSTRUIT ET RESPONSABLE

C'est principalement autour de l'accès au savoir et de son partage que s'articule la richesse économique, culturelle et sociale d'une société. Une communauté ouverte, dynamique, avide de connaître et qui dispose des outils nécessaires pour appréhender l'évolution qui bouge sans arrêt, devient féconde.

Comme il a été défini plus haut, le tout premier rôle d'un gouvernement est d'assurer le bonheur de ses citoyens et non de préserver, de consolider et de protéger le pouvoir qu'il détient. Il doit ainsi tout mettre en œuvre pour favoriser continuellement l'accès à la connaissance et l'épanouissement de la créativité, et mettre en place un environnement stimulant qui encourage et suscite la découverte et l'innovation. La complexité des systèmes sociaux, économiques et culturels qui composent une société moderne, leur interrelation et leur évolution rapide ne permettent plus à l'État de jouer un rôle dirigiste en dictant la marche à suivre et en imposant ainsi des limites aux choix des citoyens. Un pouvoir sentencieux et dirigiste ne colle plus à la réalité d'aujourd'hui.

Pour l'État, cette réalité où l'évolution presse le pas est plutôt une invitation à jouer de temps en temps un rôle d'arbitre, parfois celui de médiateur et toujours celui d'éclaireur et de protecteur des codes génétiques de la société. L'État devrait aujourd'hui s'efforcer de catalyser l'ensemble des forces qui grouillent dans tous les secteurs, d'en favoriser l'encadrement et d'en stimuler le développement. C'est seulement dans un tel environnement que se développent la créativité et l'innovation.

Le savoir dans la poche de chacun

Le principal enrichissement d'une société est fonction de la somme de savoir distribuée au plus grand nombre possible. Plus il y a de connaissances à la portée de tout un chacun, mieux on dynamise l'ensemble. Dans un monde ainsi ouvert, les idées ne font pas que circuler, elles alimentent l'évolution et créent l'énergie nécessaire au progrès et à l'avancement de la société. Cette démocratisation de l'accès au savoir apporte même puissance et abondance tout en préparant le lit d'un monde meilleur. Il ne faut pas chercher la vraie richesse d'un pays ailleurs que chez les citoyens qui l'habitent et sur la quantité et la qualité de savoir qu'ils possèdent et partagent.

Dans l'histoire, les richesses se sont consolidées graduellement et successivement autour de trois axes : les ressources naturelles, le procédé mécanique et la créativité.

Le premier est matériel et tangible. Il embrasse les produits de la terre, les minerais et les sources énergétiques du sous-sol. Jusqu'au XIXe siècle, les pays riches et prospères étaient justement ceux qui disposaient de richesses naturelles en abondance.

Ensuite, la révolution industrielle a donné naissance à l'ingénierie et au procédé mécanique. La prospérité reposait alors sur la capacité d'usiner et de manufacturer en série et en grande quantité des produits de consommation. L'absence de règles permettant l'ouverture d'un marché dans un pays donné fermait la porte à l'échange. Plusieurs pays protégeaient ainsi leur marché intérieur. Mais celui qui possédait un vaste marché intérieur et un fort potentiel industriel engendrait une richesse économique élevée.

Enfin, l'arrivée des technologies de l'information et la poussée des communications ont déplacé les joueurs traditionnels sur l'échiquier de la richesse qui repose maintenant de plus en plus sur la créativité activée par l'évolution. La libéralisation des échanges et l'ouverture aux marchés extérieurs diminuent l'importance du marché intérieur et accroissent l'aptitude, la compétence et le désir de conquérir de nouveaux marchés.

Le potentiel créateur, nous le savons bien, appartient à tous et à chacun, et c'est le partage de l'acquis des connaissances qui allume la créativité et produit la richesse. Il appartient au gouvernement de démocratiser le plus possible l'accès au savoir et de protéger l'exercice du pouvoir qui l'accompagne.

Si le gouvernement en faisait une priorité, le droit au savoir deviendrait sans aucun doute l'un des droits collectifs les plus importants et ferait partie des codes génétiques de la société. Par exemple, ce droit pourrait prendre la forme d'un accès généralisé aux ordinateurs pour l'ensemble de la population qui fréquente les établissements scolaires, ce qui ouvrirait la porte vers les banques de données du monde. Les cours d'utilisation de l'ordinateur et des réseaux de communications qui donnent accès à l'information devraient faire partie du programme scolaire dès l'école primaire. Ce droit au savoir pourrait aussi se traduire par la mise sur pied de cours de formation, accessibles à tous, pilotés et conduits par les instances du secteur industriel, destinés aux ouvriers sans emploi désireux d'acquérir un savoir-faire qui s'accorde avec les exigences des industries converties aux plus récentes technologies.

Aujourd'hui cependant, l'avantage concurrentiel d'un pays s'évalue non seulement en fonction de la quantité de ses richesses naturelles, du dynamisme de son secteur industriel ou encore du fait de disposer d'une main-d'œuvre bon marché, mais aussi et de plus en plus en fonction de sa capacité de canaliser et d'utiliser le savoir, et de favoriser sa transformation en savoir-faire. Au bout du compte, c'est l'aptitude et le pouvoir d'innover, dont le moteur carbure à la créativité, qui commence à parader au premier rang des producteurs de richesse.

Le savoir a partie liée avec la liberté de choix, parce qu'on ne peut choisir que si l'on sait. La liberté de choix devrait occuper le même rang dans l'échelle des droits fondamentaux que celui consenti à la justice, à l'équité ou à l'éducation. La démocratie se nourrit et s'enrichit à même cette liberté. On a trop souvent affaibli ce droit en proclamant l'universalité d'un autre droit en opposition avec celui de la liberté de choisir. Dès qu'on étatise ou nationalise, on limite et on brime la liberté de choix et la démocratie recule. Et ce recul s'accompagne toujours d'une progression de l'ignorance, qui est synonyme de servitude et antonyme de liberté. On n'est libre que si l'on peut choisir, et on ne peut choisir que si l'on sait.

Puisque le droit au savoir passe par l'enseignement, le système d'éducation devrait être l'outil principal des citoyens pour exercer ce droit. L'éducation doit être souvent au centre de toutes les stratégies de construction de l'avenir. Les systèmes actuels font penser à des figures imposées, un peu trop rigides et privées de souplesse, d'ouverture et surtout de cette faculté d'adaptation aux nouvelles réalités. On a érigé le système d'éducation comme on a bâti les grandes organisations structurées et mécaniques. On dispense une instruction donnée, on prévoit et attend des résultats escomptés ; et si une réussite que l'on juge satisfaisante vient rassurer tout le monde, on continue dans la même foulée sans changer le mécanisme. Mais si la machine s'enraye et que, par exemple, une multitude de décrocheurs abandonnent le navire, on continue de naviguer aux instruments contre les vents et marées des nouvelles réalités résultant entre autres de la révolution technologique.

Les jeunes fuient l'école, et c'est tant pis. Ils n'ont qu'à suivre le courant. D'autres l'ont fait avant eux. Aujourd'hui, le décrochage massif des jeunes est le signal d'alarme d'un grand malaise et surtout de l'incapacité de concilier le système scolaire et le monde nouveau dans lequel nous entrons rapidement. Entre le tableau noir, outil privilégié du professeur depuis des décennies, et l'ordinateur, instrument actuel d'accès à la connaissance, il y a plus qu'un monde. C'est à croire que l'enseignement de l'orthographe occupe encore plus de place que la formation du jugement.

Les exclus, victimes de la nouvelle économie, et les décrocheurs de l'école actuelle sont les réels symptômes d'un malaise qui persiste, s'intensifie et même s'amplifie. L'inertie des pouvoirs publics tente de ralentir l'accélération de la révolution technologique. C'est comme si la corde de l'évolution se déroulait et que le gouvernement la retenait par une main. La force de l'inertie crée alors une friction et ralentit le mouvement de la corde. Tant que l'évolution adoptait un mouvement lent, continu et linéaire, comme c'était le cas jusqu'au milieu du XXe siècle, la friction était à peine perceptible et le mouvement pouvait être ralenti sans heurter la main. Mais depuis les années 1950, l'évolution a accéléré et s'est même emballée. La friction s'est par le fait même intensifiée et la main qui veut maintenant retenir la corde de l'évolution s'échauffe, subit d'abord des brûlures et bientôt des lésions graves. Et lorsque l'évolution atteint une vitesse d'accélération impossible à retenir, la main ne retient plus rien et c'est l'éclatement, la déchirure.

Nous n'en sommes pas encore là. Cependant, il est clair que certains pouvoirs publics éprouvent des difficultés à faire une lecture pertinente de l'environnement socioéconomique qui s'agite autour d'eux, hésitent à emboîter le pas et essaient même de freiner la folle cadence du film de l'évolution qui se déroule devant leurs yeux. On ne peut pas nier, par exemple, la puissance motrice des technologies de l'information et des communications dans tous les secteurs de l'activité économique, ni ignorer la force d'impact de la mondialisation des marchés sur la vie sociale, économique, culturelle et même politique. Celui qui dirige à la façon d'autrefois dans le monde d'aujourd'hui ressemble à un conducteur qui file en avant en regardant dans son rétroviseur. Il est, pour reprendre un vieux cliché, dépassé par les événements.

Il faut espérer l'arrivée de leaders capables d'absorber les nouveaux courants, d'adapter les structures à ce nouvel environnement, et surtout d'adopter des politiques et de proposer des directions qui suivent le vent de l'évolution. Sinon, la rupture causera des blessures graves et difficiles à guérir. La révolution technologique que nous vivons est bel et bien réelle.

C'est justement cette révolution sur fond de mondialisation des échanges et de la concurrence que se livrent les agents économiques. C'est cette révolution qui a transformé les mécanismes et les processus de travail dans les industries et qui a conduit, partout en Occident, au développement d'une masse de plus en plus grande d'exclus ou de laissés-pour-compte, chômeurs et jeunes retraités.

Dans ce contexte général d'évolution qui file à un train d'enfer, le savoir mis à la portée du plus grand nombre devient l'une des clés qui permettent à une collectivité de bouger dans le sens du vent qui souffle, c'est-à-dire de connaître les ingrédients qui nourrissent les éléments déchaînés de l'évolution et de s'adapter plus vite aux changements. L'ignorance est aveugle. La connaissance apporte la liberté de choix. En rendant le savoir accessible, l'État organique transmet deux codes génétiques : le droit au savoir et la liberté de choix. Tous deux renforcent la responsabilisation des citoyens qui est l'élément clé du dynamisme de la société. Et ce dynamisme ne peut rayonner qu'à l'intérieur d'un État de démocratie libérale.

Un pouvoir central fort entraîne la mort du système

Le gouvernement doit aussi renoncer à intervenir dans la vie quotidienne de ses commettants. Il est difficile d'admettre aujourd'hui qu'un ministre ou un fonctionnaire, souvent éloigné de la réalité, détermine ce qu'un cultivateur ou un pêcheur d'une région éloignée de la capitale doit faire pour faire prospérer son entreprise. Tout appareil administratif de la taille d'un gouvernement qui doit composer avec un système complexe est naturellement et infailliblement porté à constituer un pouvoir central fort. Et ce pouvoir centralisateur et directionnel qui s'exerce sans partage conduit à la mort du système. C'est inévitable.

Pour éviter la dégradation et la déchéance du système, il est nécessaire de repousser les leviers décisionnels le plus loin possible du pouvoir central et d'édifier et d'asseoir une société dont le cadre démocratique serait fondé principalement sur la participation d'entités autonomes et responsables. Une telle décentralisation des pouvoirs encourage toujours, au sein d'une collectivité donnée, une conduite démocratique plus coopérative, plus dynamique et plus responsable. Alors qu'un pouvoir central concentré et dirigiste se comporte, c'est sa nature, comme une mécanique avec ses directives, ses plans d'action fondés sur des prévisions précises, ses certitudes auxquelles on ne déroge pas et son inaptitude à déchiffrer les tendances signifiantes de l'évolution et à s'adapter.

L'ère de la créativité dans laquelle nous entrons appelle donc un certain réaménagement du cadre démocratique dans lequel nous vivons. Plus un pouvoir public gouverne à l'ancienne en utilisant et en privilégiant comme instruments contrôle et autorité, plus la démocratie s'affaiblit et plus le système a tendance à éclater. Dans un monde où l'information est le moteur énergisant d'une évolution rapide, les sociétés ne sont plus, comme avant, monolithiques, ni les communautés locales, homogènes. Elles changent, se modifient et se transforment rapidement. De même, plus les citoyens qui habitent ces collectivités ont accès à la connaissance, plus ils disposent des outils nécessaires pour définir et planifier leur avenir et plus ils requièrent une liberté de choix jumelée à une responsabilisation sociale.

Prenons l'exemple des pêcheurs de Terre-Neuve. Fallait-il que des dirigeants d'un gouvernement central, informés au sujet de la baisse dramatique de la population de morues et du danger réel de leur possible extinction résultant de la surpêche, fallait-il que ces dirigeants imposent des quotas aux pêcheurs et leur interdisent même de pêcher? Les pêcheurs de cette région auraient pu eux-mêmes aller aux sources, s'informer et prendre la décision appropriée. Le gouvernement n'avait qu'à fournir l'environnement propice à la prise de décision, c'est-à-dire donner à la communauté concernée accès aux résultats de la recherche, leur faire part de leurs conclusions, en d'autres mots leur fournir un encadrement qui les aurait aidés à choisir la voie qu'ils jugeaient la plus appropriée; ainsi, il leur aurait laissé le pouvoir de décider de ce qu'il fallait faire dans les circonstances. Des citoyens responsables sont capables d'examiner une situation et de décider eux-mêmes des mesures à prendre pour éviter l'irréparable, en l'occurrence l'épuisement du peuplement des bancs de morues. Il ne faut pas croire que les pêcheurs se seraient délibérément tirés dans le pied en continuant de remplir leurs navires de morues, au risque d'anéantir leur moyen de subsistance. Une gestion organique de la situation aurait laissé à la communauté des citoyens concernés le pouvoir de choisir la solution qu'elle aurait jugée convenable. Une gestion mécanique autoritaire leur a plutôt dicté la voie à suivre absolument. Mais les citoyens sont-ils prêts à endosser cette responsabilité qui accompagne l'approche organique?

Les collectivités régionales doivent disposer du pouvoir décisionnel nécessaire pour être capables de se prendre en main et de décider de leur avenir. Une telle approche de la démocratie replace la souveraineté entre les mains des citoyens. Mais le citoyen, en contrepartie, doit être responsabilisé et conscient de ses devoirs et de ses obligations envers la société. L'un ne va pas sans l'autre.

La décentralisation des pouvoirs décisionnels responsabilise davantage les citoyens et entretient l'esprit de solidarité de la collectivité qui demeure ainsi vivante et dynamique et devient réellement une communauté d'intérêts.

Cette société organique choisit et définit l'avenir qui lui convient et, en toute autonomie, décide de prendre pour y parvenir les moyens qu'elle juge appropriés. Mais il appartient au gouvernement de transmettre les codes génétiques ou orientations qui déterminent l'encadrement et limitent les probabilités d'évolution. Cette société organique va progresser librement dans un décor ouvert, mais quand même délimité et balisé par le gouvernement.

Demain ouvre des perspectives encore plus grandes où le pouvoir réel va passer aux mains des individus. Dans un monde qui se virtualise de plus en plus, l'individu pourra choisir d'exercer des activités dans le cadre réglementaire de son choix. En abolissant les frontières géographiques, l'univers virtuel peut réussir à placer les États dans une situation de concurrence. Au moment où un citoyen canadien pourra, par exemple, suivre et réussir, diplôme en poche, un cours universitaire donné sur Internet par une maison d'enseignement supérieur du Massachusetts ou de France, l'individu disposera alors d'un pouvoir lié à la nature organique du monde nouveau dans lequel nous entrons.

En rendant le savoir accessible à tous et en s'abstenant d'intervenir dans la vie quotidienne de ses commettants, l'État augmente le degré de responsabilisation des individus. Depuis plusieurs décennies, l'État s'est graduellement bâti un passif social très lourd, héritage de l'ère qui s'achève.

Le citoyen déresponsabilisé

Les gouvernements d'autrefois, particulièrement ceux des années 1960 et 1970, ont tissé, pour le bénéfice de leurs citoyens, un imposant filet social qu'ils alimentaient tout en maintenant un équilibre budgétaire. Peu avant le début des années 1980, le taux de création de la richesse collective commença à fléchir ; ce fut le début d'une période où la contribution positive des richesses naturelles et de la production industrielle ne suffisait plus à empêcher l'accroissement des déficits gouvernementaux. On ne pouvait plus payer de sa poche le coût de plus en plus élevé des avantages sociaux. Et le déséquilibre budgétaire qui en découlait entraîna les dirigeants dans la ronde infernale des emprunts destinés principalement à protéger et même à renforcer le filet social qu'on avait mis 20 ans à tisser.

Maintenant, nous partageons avec de nombreux créanciers le fruit de notre richesse tout en conservant les avantages sociaux, comme dans le bon vieux temps. Cependant, l'assiette que nous divisions entre les différentes composantes du secteur public, comme l'éducation, la santé et l'aide sociale, s'est considérablement rétrécie si l'on exclut la pointe réservée au paiement des intérêts de la dette. On semble d'ailleurs moins préoccupé de la dette, qui continue de croître, que des intérêts que l'on doit débourser aux échéances. Avec le temps, dans la plupart des pays occidentaux, on est arrivé à édifier un mur de protection des citoyens qui a pris la forme, entre autres, de l'aide sociale, de l'aide aux accidentés du travail, de l'assurance-emploi et de toutes les autres formes étatiques d'assurance. Aujourd'hui, l'État prend soin du citoyen comme les parents couvent leurs enfants. On a réussi à limiter substantiellement la liberté de choix du citoyen et en quelque sorte à le déresponsabiliser graduellement, en ne créant pas le cadre au sein duquel il pourrait lui-même assumer et assurer son avenir. Dans le nouveau contexte ·économique, celui qui a perdu son emploi et n'a plus les revenus suffisants pour subsister doit s'en remettre à l'État pour survivre. Et le jumelage de l'endettement monstrueux et du haut taux d'un chômage endémique réduit considérablement la marge de manœuvre des gouvernements, qui doivent subvenir aux besoins de ceux, de plus en plus nombreux, qui n'ont pas d'autres recours.

Donc, depuis quelques décennies, l'État a peu à peu pris des responsabilités et endossé des charges qui étaient jusqu'alors assumées et accomplies par le citoyen ou la cellule familiale.

Autrefois, lorsque les familles étaient tricotées serré et qu'on n'imaginait même pas l'éclatement qu'elles connaissent aujourd'hui, on se faisait un point d'honneur de garder sous son toit les parents ou les grands-parents âgés, vulnérables et fragiles, et surtout moins aptes à pourvoir à leurs propres besoins. Sinon, un sentiment de honte accompagnait le geste de conduire à l'hospice l'aîné fragilisé par l'âge ou la maladie. Valeur qui renferme la notion de fierté, d'estime de soi et de responsabilisation, l'honneur maintenait cimenté le tissu familial. Avec le même sens du devoir qui nous pousse à nous occuper de nos enfants, nous prenions soin de nos parents vulnérables qui avaient eu en leur temps la même sollicitude envers les leurs. L'honneur était au menu des valeurs qui tenaient ensemble les membres de la cellule familiale qui forme le premier étage de l'édifice social.

Dans les sociétés d'aujourd'hui, on a vite fait de substituer la culpabilité à l'honneur. Par conséquent, la déculpabilisation a remplacé la honte. On a comme évacué de la conscience ce sentiment de déshonneur et d'opprobre si lourd à porter. Je me sens coupable de conduire mes parents à l'hospice et je me déculpabilise en payant mes impôts et en donnant aux œuvres de charité. L'État et les organismes caritatifs s'occuperont de tout. Il a fallu seulement 30 ans pour évacuer plusieurs des valeurs associées à la responsabilité individuelle. C'est l'État devenu Providence qui a pris le relais et qui endosse cette charge devenue une autre responsabilité collective assumée par la société. Il s'agit bien d'une charge dont le coût est assuré par l'ensemble de la collectivité.

Plusieurs autres mesures de l'État, fondées sur des valeurs protectrices et égalitaires, ont entraîné une déresponsabilisation répandue sur une grande échelle.

Une société qui accorde des privilèges et concède des droits accumule un passif qui s'alourdit à mesure qu'on y ajoute des ingrédients. La gratuité scolaire, les allocations familiales, le régime des rentes et l'aide sociale, entre autres, sans oublier l'arsenal des services que l'État dispense à l'ensemble de ses commettants, font partie de la panoplie des droits et des avantages qui composent le passif social d'une société. L'actif social, c'est-à-dire la partie supérieure d'une formule de bilan, niche du côté des devoirs des individus envers la collectivité. Comme la nature a horreur du vide, le bilan exècre le déséquilibre. Et puisqu'on a bien su jeter les fondations d'une société de droits accordés aux citoyens en négligeant d'ériger une structure d'obligations des citoyens envers la société, on peut sans se tromper affirmer que nous sommes techniquement en faillite sociale. Le bilan n'est pas encore déposé parce que la rigueur des mesures de redressement entreprises en vue d'éliminer le déficit éloigne le spectre d'une liquidation douloureuse.

Par ailleurs, ce qui apparaît dans le passif social devient un actif individuel. Les citoyens ont trop des cinq doigts de la main pour compter leurs devoirs et obligations envers la société. Leur actif dépasse un passif quasi inexistant, et l'équilibre est loin du compte. Le bilan positif du citoyen est directement proportionnel au bilan négatif de la collectivité.

Exemple de gestion organique : le pouvoir aux étudiants

Plusieurs sociétés actuelles, pour ce qui est de leur bilan social, sont en faillite technique. L'engagement de l'État envers les citoyens dépasse de beaucoup celui des citoyens envers l'État. L'accroissement de la richesse sociale doit occuper l'avant-poste des sources d'énergie de l'État. C'est sur elle qu'il faut compter pour être en mesure d'accroître la vitesse du développement. L'État se trouve devant une gamme infinie de possibilités.

Il pourrait, par exemple, révolutionner le secteur de l'éducation, notamment au niveau de l'enseignement supérieur, en proposant de faire payer aux étudiants le coût réel de la formation, sur quelques années, du futur médecin, ingénieur, avocat, pharmacien, administrateur, professeur, ou de tout autre diplômé d'une discipline enseignée à l'université.

L'enseignement supérieur dispensé par les institutions universitaires est largement subventionné par l'État. Les étudiants

qui fréquentent les universités déboursent des frais de scolarité qui constituent des sommes infimes en regard de ce qu'il
en coûte réellement à l'État pour la formation de l'individu.
On peut dire que l'enseignement supérieur est à la charge de
l'État, et par le fait même de la société. Le pouvoir décisionnel
de déterminer le profil, le genre et le type d'universités qui
répondent aux besoins de la société appartient à l'État. Mais si
on déplaçait le pouvoir de l'État vers l'étudiant?

En payant lui-même le coût réel de sa formation à l'université, l'étudiant se transforme en client et l'université en
fournisseur de services. L'offre et la demande. L'université
offre le service et l'étudiant dispose du pouvoir d'achat.
C'est lui qui choisit l'université et la discipline, et l'université lui offre et lui propose un enseignement ou une formation de qualité. Dans cette nouvelle conjoncture, l'université
est au service de l'étudiant qui paie le coût effectif de la formation qu'il reçoit. Et il peut le payer grâce à un système
universel de prêts octroyés à l'étudiant.

L'État offre, sans discrimination, aux candidats étudiants, des prêts dont la somme varie, selon la discipline
choisie. Ces prêts seraient accordés équitablement à tous
ceux qui en feraient la demande. Un système de prêts qui
traite tous et chacun également. L'État assure à la fois
l'équité, une richesse sociale fondamentale et le droit au
savoir. Financièrement, pour l'État, c'est blanc bonnet et
bonnet blanc; les milliards de dollars utilisés pour financer
les universités servent désormais à financer les étudiants
qui deviennent individuellement responsables de rembourser leur dette à la société. Les universités se transforment en
fournisseurs de services où l'on offre des enseignements qui
doivent répondre aux attentes des consommateurs-
étudiants. Ces institutions se retrouvent dès lors dans une
situation de concurrence les unes avec les autres.

Un étudiant qui s'endette d'une somme de cette importance pour acquérir la connaissance et un savoir-faire, exige
un enseignement de haute qualité. Il n'est pas négligeable
d'apprécier les changements d'attitude des étudiants qui non

seulement investissent littéralement dans leur avenir en con-
tractant une dette envers la société, mais aussi s'investissent
plus à fond dans leurs études et deviennent plus exigeants
envers les professeurs qui dispensent le savoir et l'institution
qui les reçoit. Par conséquent, le résultat net se traduit par un
enseignement de plus grande qualité et des élèves plus assi-
dus. Les études terminées, la dette sera remboursée.

Et ce remboursement pourra s'échelonner sur plusieurs
années après la fin des études. L'État peut déterminer le montant et la fréquence des remboursements. Par exemple, un système qui offre plusieurs choix de paiement. Il peut être proposé
que 5 % du salaire annuel serve de remboursement annuel et
que cette somme soit en même temps déductible d'impôt. On
pourrait aussi consentir, la première année après la fin des
études, une réduction de 50 % du montant global de la dette à
ceux qui paieraient cette somme par anticipation, de 40 % s'ils
le faisaient la deuxième année et ainsi de suite pendant une
période de 5 ans. Cette dette pourrait être payée par l'em-
ployeur de l'ex-étudiant qui, profitant du produit de la formation de son employé, consentirait, comme condition d'embauche, à débourser les sommes nécessaires au remboursement
du prêt. L'État peut aussi maintenir un système de bourses
accordées aux étudiants méritoires ou offrir d'autres formes
d'allègement. Ces allègements sont accordés par souci d'équité
et de justice ; ceux qui ont terminé leurs études dans les années
précédentes n'ont pas eu à défrayer de tels frais de scolarité et
n'ont pas à rembourser des sommes de cette envergure à la
société. Enfin, celui qui, les études terminées, décidera d'aller
exercer sa profession dans un autre pays où on lui offre une
meilleure rétribution pour ses services devra rembourser la
totalité de sa dette envers la société avant de quitter le pays.

Il est clair qu'une telle approche organique de gestion de
l'éducation supérieure change les fondements de la dynamique qui régit les rapports des composantes et des acteurs
du système. Les étudiants, désormais responsables envers la
société, deviennent des consommateurs qui achètent les services des institutions universitaires. De leur côté, ces institu-

tions doivent se comporter comme toute entreprise qui offre des services, c'est-à-dire qu'elles doivent être dynamiques, concurrentielles et soucieuses d'offrir le meilleur produit.

Dans le système actuel, la notion de dette et d'obligation envers la société, autrement dit de responsabilité, n'existe pas. Seul le droit du citoyen à recevoir l'instruction qu'il choisit est retenu. Le code génétique qui intervertit les rôles et qui crée, dans le secteur du savoir, un État créancier et un citoyen débiteur remet les pendules à l'heure de la justice et de l'équité.

En déresponsabilisant le citoyen qui n'est pas en état d'atteindre la maturité nécessaire pour faire des choix responsables, l'État protecteur ou l'État providentiel freine par le fait même le développement de la démocratie. Plus il y a de pouvoirs dévolus aux citoyens, plus leur responsabilisation s'accroît et plus la démocratie s'épanouit.

L'accroissement de la richesse sociale est donc intimement liée à la notion de liberté de choix. Les codes que l'État doit transmettre à sa collectivité recherchent l'équilibre entre les droits et les devoirs des citoyens, l'équité, la liberté de choix, le droit au travail et l'accès universel au savoir. L'État n'a pas à intervenir de façon directionnelle, mais il doit chercher plutôt à catalyser et à encadrer les forces qui bougent et à en stimuler le développement.

Pour accroître la richesse économique, l'État doit aussi suivre la voie de l'encadrement.

LA RICHESSE ÉCONOMIQUE : LE GOUVERNEMENT-METTEUR EN SCÈNE

Dans un milieu où l'on a négligé de responsabiliser les citoyens qui reçoivent beaucoup plus qu'ils ne donnent, comment activer et même attiser l'évolution en vue de favoriser la croissance de la richesse économique ? Tout comme les revenus d'une entreprise, l'augmentation de la richesse est non seulement difficile à contrôler, mais elle est surtout difficile à prévoir. En revanche, on peut identifier les forces qui donnent naissance à cette richesse et en favorisent la croissance. On ne connaît jamais exactement et on ne peut prévoir avec précision le taux de croissance de la richesse économique et encore moins les secteurs qui l'alimenteront. L'État n'a pas à s'attribuer un rôle dans la pièce où s'agitent les acteurs économiques. Sa fonction est plutôt celle du metteur en scène. Par exemple, plutôt que d'élever un barrage-réservoir hydro-électrique pour relancer l'économie, mieux vaut créer les conditions favorables à une demande accrue d'électricité, ou bien découvrir de nouveaux marchés technologiques ou géographiques qui rendront nécessaire la construction d'un nouveau barrage.

Approche organique de la gestion budgétaire

Depuis trop longtemps, les États maintiennent bien serrées les mailles du filet social et dispensent les services à leurs citoyens en fouillant dans des coffres alimentés en partie avec des revenus provenant des impôts et des taxes et en partie avec des emprunts contractés sur les marchés étrangers. On appelle cela vivre au-dessus de ses moyens. Et cesser d'emprunter, c'est-à-dire rayer, même progressivement, du paysage budgétaire la portion dérivée des emprunts se traduira forcément par une carence en ressources. Ce qui entraînera des coupures draconiennes dans presque tous les postes du budget. Il faut donc s'attendre, jusqu'à l'effacement du déficit et l'arrivée du budget équilibré, à une accélération du nombre d'entailles au budget. Et où tombera le couperet? Quels seront les postes les plus touchés et dans quelles proportions? Comment choisir ces postes? Et à qui faut-il distribuer les parties de l'assiette qui s'offrent en partage et dans quelle proportion?

Il faut d'abord cesser de penser en chiffres absolus comme c'est la coutume, surtout lorsqu'une partie de l'assiette ne vient pas de la richesse collective, mais de la main d'un créancier. Il faut plutôt diviser l'assiette dans des proportions déterminées par des objectifs préalablement fixés à l'intérieur d'un projet de société qu'on veut bien se donner, fondé sur une vision claire. Et les parties de l'assiette à diviser correspondent désormais à des choix de société sensés, réfléchis et partagés par la collectivité.

En réalité, l'État a à choisir entre deux ordres ou entre deux paramètres. Ou bien l'estimation et la répartition de l'effort de distribution de la richesse sont priorisées en pourcentage, ou bien elles le sont en chiffres absolus. Nous savons que l'approche qui détermine les besoins en chiffres absolus invite les dirigeants à augmenter ou à réduire l'allocation allouée sans égard à des choix de société préétablis et bien assis sur une vision globale du genre de société que l'on veut édifier. C'est ce que nous vivons en ce moment. On divise l'assiette à partager selon les besoins des secteurs et on accorde les sommes nécessaires.

Les budgets sont charcutés sans autre raison que l'impossibilité de faire autrement, compte tenu de la caisse insuffisante et de l'objectif du déficit zéro à atteindre. Les intervenants, qu'ils appartiennent au domaine de la santé, de l'économie, de l'éducation ou de la culture, ne comprennent pas le pourquoi de ces coups de hache assénés au hasard des circonstances et sans connexion d'aucune sorte à un plan directeur ou à un cadre de société fondé sur un consensus.

La voie à suivre devrait nous être dictée plutôt par le paramètre qui mesure les priorités en pourcentage. Par exemple, s'il faut vivre maintenant avec un budget de 1000 $, alors que l'on en déboursait depuis longtemps 1500 $ dont 500 $ dérivaient d'un emprunt sur les marchés extérieurs, il faut le répartir dans des secteurs préalablement privilégiés comme la santé, l'augmentation du savoir ou l'aide sociale. Autrement dit, où doit rayonner l'énergie de l'État ?

En adoptant cette approche, on divise l'assiette en faisant abstraction des sommes disponibles. Il peut être décidé, par exemple, d'allouer 35 % des ressources à partager au bien-être des citoyens, 30 % à l'éducation, 25 % à la culture, etc. Ces décisions ou ces choix s'inscrivent dans une vision et tracent les contours d'un dessein politique précis et d'un projet social arrêté. En outre, avec cette approche, les citoyens et l'État sont au même diapason et travaillent en commun à l'accroissement des richesses. En cessant d'abord d'emprunter, puis en proportionnant les allocations, on détermine et transmet deux codes génétiques clairs, explicites et formels, qui enclenchent un mécanisme de fonctionnement intégré.

Bien assis au volant d'une voiture engagée sur une voie choisie et désignée clairement, il faut maintenant décider à quelle vitesse cette voiture se déplacera. L'État jongle alors avec deux variables pour mesurer son effort ou sa capacité de distribuer le contenu de son assiette budgétaire, la répartition elle-même et l'allure ou la rapidité d'accélération. Cette dernière provient de trois sources bien différentes : la fixation du fardeau fiscal, l'accès au capital étranger et l'accroissement de la richesse économique.

Il faut que l'État soit prudent en ce qui concerne le capital étranger qui accentue la cadence vers l'appauvrissement avec une perspective de faillite à l'horizon. Quant à la tentation d'augmenter impôts sur les revenus et taxes sur les biens de consommation, il est difficile d'y résister. Si l'on choisit néanmoins cette voie et surtout si les taux d'imposition sont plus élevés que ceux qui ont cours dans les États voisins, le risque est grand de voir prospérer le travail au noir et d'assister, impuissant, à la circulation, par voie de réseaux occultes, de produits de consommation courante trop taxés. C'est sans compter aussi l'exode de ceux qui détiennent le savoir-faire créateur de richesse vers des cieux fiscaux plus cléments. L'État se prive ainsi d'une capacité d'augmentation de revenus reliée à la croissance de la richesse collective, qui est le seul carburant capable d'accélérer l'allure de l'effort consenti par l'État.

Hélas ! lorsque l'État veut rapidement emplir ses coffres, il choisit, pour y arriver, la solution la plus simple, la plus expéditive et souvent la plus socialement acceptée, celle de taxer les créateurs de richesse qui sont les éléments à la fois les plus libres et les plus employables de la société. Une plante à qui on refuse l'eau nécessaire à sa croissance s'étiole et meurt. Le créateur de richesse se sentira comme une plante agressée et ira pousser ailleurs, là où la terre est plus fertile et le climat plus favorable. Ailleurs, c'est souvent là où le fardeau fiscal pèse moins lourd et où le climat social est de meilleure qualité. En réalité, il ne faut pas taxer encore plus les riches, mais avoir encore plus de riches à taxer.

Le recours à l'emprunt et à l'augmentation des charges fiscales n'est donc pas la voie appropriée et la solution convenable pour augmenter l'avoir des ressources publiques. Le premier, nous le savons, devient rapidement un fardeau insupportable, et le second comporte des limites qu'il ne faut pas franchir sous peine de freiner, plutôt que de favoriser et accélérer, le développement économique, social et culturel. Nous devons dès lors nous tourner vers l'accroissement de la richesse collective qui occupe l'avant-scène des sources d'énergie de l'État.

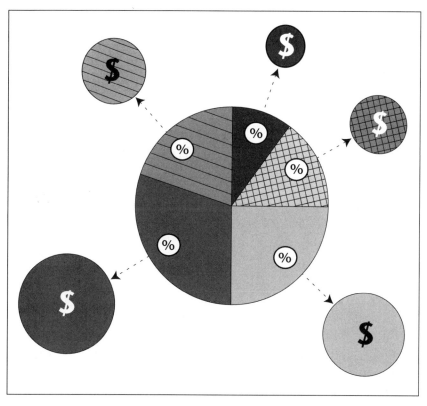

Graphique 6 : La gestion en pourcentage.
Budget rigide et allocation fixée en pourcentage par consensus.

C'est sur elle qu'il faudra compter pour accroître la vitesse du développement. L'État se trouve devant une gamme infinie de possibilités. Et lorsqu'il a terminé l'exercice qui assortit l'effort et la vélocité qu'il compte déployer en vue de répartir la richesse collective, sa seule présence et le poids qu'il représente peuvent suffire à lui conférer le pouvoir d'alimenter la création de la richesse.

L'État peut nourrir le bas de laine collectif de multiples manières. Nous nous sommes donné, par exemple, un système de santé qui répond bien au bonheur social auquel aspire la collectivité, mais le coût à débourser pour le tenir vivant et généreux s'est élevé bien au-delà des prévisions. Voyons comment il serait possible de rendre le système plus adapté à nos moyens, c'est-à-dire d'en réduire la facture globale sans diminuer la qualité ni déprécier la valeur des services offerts, et en même temps, de permettre à l'État de fertiliser cette terre où poussent, comme nous l'avons vu, les plantes de la richesse.

Sur le budget alloué à la santé, quelle proportion est consacrée à rémunérer les actes médicaux du médecin et de l'infirmière, essentiels et à haute valeur ajoutée ? Cet acte est en vérité le cœur qui fait battre le système et qui est le centre autour duquel pivotent toutes les autres activités qui le supportent, l'entourent et l'accompagnent. Émettons l'hypothèse que la moitié du budget serve à payer le prix de l'acte médical. L'autre moitié est donc consacrée aux frais afférents aux activités d'appui et de soutien qui gravitent autour du noyau que constitue l'acte médical.

Si l'État décidait, par exemple, de réduire de 10 % les sommes allouées au versant administratif du système de santé et d'exiger des gains de productivité équivalents, 5 % du budget total de la santé serait ainsi libéré. Nous savons que les technologies de l'information, les télécommunications et l'automatisation sont des agents déclencheurs qui accélèrent la croissance du rendement des employés de soutien d'une organisation comme celle du réseau des soins de santé et, par le fait même, sa productivité. L'État fait donc d'une pierre deux coups, en injectant d'abord la somme libérée dans l'économie, notamment dans les secteurs déjà mentionnés, et ensuite en améliorant la productivité du système de santé. En agissant ainsi, l'État ne modifie pas l'effort qu'il a consenti pour la santé, améliore le rendement et, par conséquent, la qualité des services de santé sans pour autant diminuer l'efficacité du cœur même du système, l'acte médical.

S'il choisit de réinvestir les 5 % du budget libéré dans l'acte médical, il enrichira de façon significative la qualité du système. Et cette valeur ajoutée à la qualité du système ne pourra voir le jour que si l'État consent à investir dans les technologies de l'information et à bonifier les méthodes utilisées pour accroître la productivité de tout ce qui entoure et soutient l'acte médical. En réaffectant un tel effort dans l'économie, l'État fertilisera la terre et favorisera l'éclosion des plantes de la richesse. Avec une politique d'achat chez nous, on peut imaginer ce qu'entraînerait l'arrivée massive de cette somme d'argent dans l'économie et l'effet bénéfique sur le taux d'emploi. Et en outre, les innovations administratives apportées par ces injections de capital ont une propension à l'exportation, créatrice de richesse. L'État fait d'une pierre deux coups encore une fois et retire deux gains de son action : un gain de productivité et un gain de croissance économique reposant sur l'innovation exportable.

Sur tous les fronts, l'État aura joué son rôle de catalyseur en déclenchant une chaîne de réactions qui auront enrichi le patrimoine collectif. Ce type d'intervention s'inscrit parfaitement dans le cadre de la nouvelle économie fondée sur la créativité.

Depuis longtemps, les gouvernements ont souvent cherché à stimuler l'économie au moyen d'investissements massifs, parfois créateurs de richesse, mais surtout tournés vers l'exploitation et le développement des ressources naturelles, la fabrication de biens manufacturés et même la distribution des services bancaires et financiers.

Typique d'une économie qui navigue, comme nous l'avons vu plus haut, sur les vagues de l'ère industrielle. Les grands projets d'investissements publics ont toujours séduit les dirigeants qui voyaient, en suivant cette voie, l'occasion et l'espoir à la fois de créer la richesse et de se bâtir un capital politique. La nouvelle économie ne joue pas dans ces eaux-là.

Pour stimuler l'économie d'aujourd'hui, le gouvernement doit donc adopter la stratégie suivante : consommer au lieu d'investir, acheter les produits au lieu de les fabriquer et louer les services au lieu de les dispenser. L'État doit fournir le théâtre, mettre en place le décor, assurer la mise en scène et laisser jouer les acteurs économiques dans une pièce improvisée qui se déroule rapidement et qui ne s'achève jamais.

Droit au revenu décent et taux d'employabilité élevé

Un acquis important de la révolution industrielle ouvre à tous et à chacun l'accès au droit à un revenu décent. Ce revenu fait tourner l'économie, favorise l'écoulement des biens de consommation et l'augmentation de la richesse. On obtient ce revenu en travaillant et en recevant un salaire. Au fur et à mesure que se sont succédé des hauts et des bas dans cette économie de marché, les gouvernements ont élargi la notion du droit au revenu décent.

Le secours au revenu est venu suppléer au droit au revenu décent. Création et mise sur pied de l'assurance-emploi, de l'aide sociale et de nombreux autres revenus garantis qu'on appelle le filet social. Ces sources de revenu n'ont pas partie liée avec la dynamique travail-salaire, créatrice de richesse, mais s'abreuvent plutôt à même le produit de l'impôt sur le revenu et les taxes de toutes sortes que le gouvernement perçoit sur ses commettants et sur les biens de consommation offerts sur le marché. L'aide sociale avait été conçue à l'origine comme un recours temporaire et de dernier secours. Dans une situation de crise de l'emploi qui s'allonge, ce dernier secours se transforme, pour ces exclus, en premier recours permanent.

Dans toute société victime d'une crise de l'emploi qui s'aggrave et qui perdure, les employés salariés de moins en moins nombreux ne pourront plus longtemps continuer d'enrichir suffisamment les coffres de l'État pour permettre aux « employés sociaux » de plus en plus nombreux de jouir d'un revenu décent. Simple exercice d'arithmétique. Et cette situation de crise de l'emploi est source de malaise et de tension, ce qui a des répercussions sociales dévastatrices. On assiste à la déprime et à la démoralisation de l'individu, à l'éclatement de la famille et à l'augmentation de la délinquance et de la criminalité.

Ce symptôme du malaise que nous vivons en renferme un second qui touche à la définition même du travail. A-t-on donné, avec le temps, la primauté au droit au revenu décent, quelle que soit l'origine du revenu? Ne devrait-on pas plutôt accorder la primauté au droit au travail? Encore faut-il définir ce qu'on entend aujourd'hui par travail. Nous savons tous qu'un individu travaille lorsqu'il exerce une activité laborieuse et rétribuée, à défaut de quoi il s'inscrit dans le livre des statistiques dans la colonne des chômeurs ou, comme on le dit de plus en plus maintenant, dans celle des exclus.

Les mises à pied massives que nous connaissons depuis plus de cinq ans en Occident, ont créé une masse critique de sans-travail permanents. Le danger réel ne vient pas du fait que ces travailleurs n'aient pas d'emploi, mais plutôt qu'un très grand nombre d'entre eux ne soient pas employables. Une société devient riche lorsque son taux d'employabilité est élevé. Le taux d'emploi, après tout, n'est qu'une conséquence de la richesse. Le taux d'employabilité, c'est la richesse même. La pleine-employabilité devrait donc être l'objectif poursuivi, plutôt que le plein-emploi.

Comment définir le travailleur employable? C'est celui qui peut absorber le savoir et le transformer en savoir-faire le plus rapidement possible et de la manière la plus souple.

La mesure qui détermine le coefficient d'employabilité est fonction du temps utilisé pour transformer le savoir en savoir-faire. Plus le coefficient est élevé, plus rapide est la transformation et plus courte la période nécessaire pour passer du savoir au savoir-faire. Cette mesure permet d'évaluer plus justement le nombre de travailleurs capables de réintégrer le marché du travail et surtout d'y rester pendant une plus longue période. Le savoir acquis et le savoir-faire maîtrisé répondent réellement aux besoins et aux exigences d'un marché qui sera en mesure d'accueillir les travailleurs. Il ne faut pas s'y méprendre, cette approche va plus loin que la formation de la main-d'œuvre dont on parle aujourd'hui.

L'employabilité renferme les deux notions du savoir et du savoir-faire. Avant de maîtriser le second, il faut acquérir le premier. Par conséquent, il est essentiel qu'une population ait le plus grand accès possible au savoir pour prétendre au savoir-faire.

Dans un monde où l'employabilité remplace la course au plein-emploi, le chômeur est un individu toujours en instance d'emploi. Il se prépare à exercer un métier qui s'inscrit dans une économie fondée sur les exigences des nouvelles technologies. Dans la plupart des cas, le métier qui lui assurait son gagne-pain n'existe plus ou s'exerce différemment.

Dans une conjoncture de rationalisation industrielle, les entreprises, pressées par la concurrence et l'ouverture des marchés, se voient contraintes, pour continuer à dégager une marge de bénéfice acceptable, de réaliser des gains de productivité de plus en plus élevés qui entraînent la mise à pied d'une portion significative de leur personnel. Lorsque les entreprises trouvent un nouvel équilibre, elles ouvrent à nouveau le chemin de l'embauche qu'empruntent des employés qui possèdent un savoir-faire fort différent de ceux qui avaient été remerciés. Les gouvernements, à la recherche de leur propre équilibre, ont aussi commencé à rationaliser leurs effectifs.

Une grande partie de ces chômeurs, incapables de réintégrer le marché du travail, deviennent des exclus. La préoccupation des gouvernements est d'essayer d'accomplir une mission impossible en mettant le cap sur le plein-emploi, plutôt que sur la formation permanente. Si l'employabilité remplaçait cette quête du plein-emploi, on pourrait, par exemple, au moyen d'une série de mesures appropriées, s'assurer qu'en tout temps un pourcentage significatif de la main-d'œuvre disponible du pays soit en formation. L'État pourrait établir une politique qui maintiendrait 1 travailleur sur 10 en apprentissage d'un savoir-faire qui répondrait aux besoins et aux exigences de l'industrie. Imaginons un seul instant l'attrait, pour les investisseurs, locaux et étrangers, d'une telle politique novatrice à qui l'avenir donnerait raison.

Nous avons passé en revue quelques symptômes du malaise actuel – droit au revenu décent, redéfinition du travail et employabilité –, et c'est en tirant les conclusions pertinentes de cette analyse que les dirigeants concevront une direction qui répondra aux besoins de ce monde nouveau qui émerge. Nous vivons une mutation majeure, et c'est à ceux qui décident de ce que sera demain qu'il appartient de fixer les nouveaux paramètres tout en préservant les éléments essentiels et indispensables de notre hérédité socio-économique. Mais le gouvernement n'est pas seul pour construire le pont au-dessus du précipice. Les syndicats, entre autres partenaires, ont aussi un rôle à jouer.

Les champs de bataille des syndicats ne sont plus sillonnés par les mêmes tranchées qu'autrefois. La sécurité d'emploi ne tient plus la route, les hausses salariales en saccades ne correspondent plus à la nouvelle réalité économique, et l'arme ultime de la grève entraîne un peu plus souvent que jadis la fermeture de l'usine et la disparition d'emplois. La vraie bataille, c'est la formation, la formation, la formation. Autrement dit, les syndicats, tout comme les gouvernements, devraient fixer le même horizon, celui de l'employabilité, qui est une forme de police d'assurance de l'emploi. En cas de mise à pied, le travailleur formé et capable de composer avec les exigences des nouvelles technologies ne tardera pas à retrouver le chemin de l'entreprise.

Le revenu minimum garanti

Il apparaît clair que l'ensemble des dispositions qui composent le filet social ont conduit graduellement les citoyens à une dépendance de plus en plus grande envers l'État et surtout ont enrayé le développement de leur responsabilité, de leur indépendance et surtout de leur autonomie. Ces mesures d'assistance que l'on a instituées dans le but de protéger les plus faibles et les plus fragiles de la collectivité ressemblent au refuge rassurant du foyer familial qui offre aux enfants la sécurité matérielle. Un refuge qui enveloppe les occupants et les tient dans une situation de tutelle qui laisse peu d'espace à la responsabilité. Les citoyens sont tenus dans la même position. Et si on remplaçait le filet social par un filet à provisions? Un filet qui ne s'adresserait pas à des catégories de citoyens, mais qui serait destiné à tous sans distinction? Les provisions prendraient la forme d'un revenu minimum garanti.

Chaque citoyen, âgé de 18 ans et plus, riche ou pauvre, homme ou femme, jeune ou vieux, recevrait, sur une base annuelle, une somme d'argent correspondant au strict minimum nécessaire pour assurer le pain et le gîte. Ce montant demeurerait inférieur au traitement reçu par un travailleur payé actuellement au salaire minimum, et serait supérieur aux prestations versées aujourd'hui aux bénéficiaires de l'aide sociale. Tous les citoyens éligibles n'auraient rien à justifier ou à démontrer pour recevoir le revenu minimum garanti qui serait légitime. La proposition de l'État serait universelle. Tous y auraient droit.

Cependant, ce filet à provisions sonnerait le départ de tous les filets sociaux. L'aide sociale, l'assurance-emploi la pension de vieillesse et le régime des rentes disparaîtraient. L'État n'aurait plus à se préoccuper d'assurer le bien-être de certaines catégories de citoyens en leur versant des prestations. La richesse collective que tous les travailleurs et les consommateurs contribuent à entretenir et que l'État conserve dans ses coffres ne servirait plus à des fins d'assistance à certaines classes de citoyens.

Le revenu minimum serait imposable comme tous les revenus. Ceux qui n'auraient que cette somme comme moyen de subsistance ne paieraient pratiquement pas d'impôts, et les personnes à haut revenu rembourseraient une grande partie de cette somme, sinon la totalité, en impôt. Ce revenu s'ajouterait toujours aux autres revenus de travail que tout citoyen retirerait d'ailleurs.

L'instauration d'une telle mesure entraînerait des changements profonds dans la société. Les sans-travail seraient poussés à déployer tous leurs efforts pour ajouter un revenu de travail au revenu garanti. Une façon non seulement d'arrondir les fins de mois, mais aussi de gonfler le revenu global. Il est vraisemblable d'envisager une baisse du taux de chômage qui découlerait de l'incitation à ajouter une rémunération de travail à un revenu déjà acquis. Les couples partageraient ce revenu minimum garanti ; les étudiants de 18 ans et plus ainsi que les personnes âgées recevraient l'allocation.

L'objectif recherché n'est pas qu'il en coûte plus ou moins à l'État de substituer le revenu minimum garanti à tous aux filets sociaux versés à certains, mais que ce revenu pousse le citoyen à adopter des comportements et des attitudes en harmonie avec une société en quête d'un actif et d'un passif équilibrés. Plus indépendant et détaché en quelque sorte du giron de l'État, le citoyen redeviendrait responsable.

Le revenu garanti prétendrait au statut de droit au même titre que le savoir et la justice. Résultat : une plus grande responsabilisation du citoyen qui, plus autonome et plus libre, serait disposé à la créativité et à l'innovation, et plus apte à s'adapter aux changements qui jalonnent l'évolution rapide du monde actuel.

QUELQUES AVENUES POUR L'ÈRE DE LA CRÉATIVITÉ

Pas plus qu'une entreprise, l'État ne peut plus être mené par un capitaine de navire qui maintient solidement la barre en vue d'atteindre le cap contre vents et marées. Nous l'avons déjà dit, l'évolution est trop rapide et les changements se succèdent à un rythme effréné. Les vents et les marées s'alimentent justement de ces changements et, plutôt que de foncer dans les vagues, il est préférable de surfer dessus. Il faut saisir au vol la direction des tendances, savoir en faire la synthèse et s'y adapter.

Le rôle premier de l'État est de s'occuper du bonheur des citoyens. Comme dans la relation producteur/consommateur, l'État offre trop souvent un produit qui ne correspond pas toujours aux besoins et aux attentes du citoyen client et qui, dans la plupart des cas, constitue une entrave à sa liberté de choix. Il doit satisfaire un citoyen client qui aspire à vivre dans un univers de richesse sociale, culturelle et économique. La première transmet sécurité, solidarité et responsabilité ; la deuxième nourrit et consolide l'identité ; la troisième exige, on l'a dit, une terre fertile où l'État, tout en laissant les plantes pousser librement, peut aussi les fertiliser.

Dans un monde où les frontières s'estompent, où circulent de plus en plus librement les biens et services, où la concurrence tient lieu à la fois de ferment et de dynamo d'une économie qui bouge rapidement, l'État doit favoriser une plus grande déréglementation tout en fixant et en maîtrisant les balises nécessaires à la bonne conduite des agents économiques. Il doit aussi opérer son propre virage technologique et faciliter le processus d'évolution qui vise à rendre le citoyen autonome, responsable et moins dépendant d'une providence protectrice qui étouffe le dynamisme et la créativité.

Demain... une société du savoir et un citoyen souverain

L'augmentation du nombre des chômeurs qui ne retrouveront plus le chemin de l'usine ou du bureau sans acquérir d'abord un nouveau savoir-faire semble inévitable dans cette période de transition que nous vivons. Ce phénomène des exclus est temporaire et ne vivra que le temps du changement de la garde, le temps pour l'ère de la créativité d'occuper le territoire.

Il est révélateur de constater que dans un monde où les sans-emploi sont légion, ceux qui travaillent fournissent plus d'efforts qu'avant pour accomplir leurs tâches. En d'autres mots, les emplois d'aujourd'hui sont plus exigeants. On n'a pas encore adapté le travail et l'emploi aux nouvelles réalités. Cette conjoncture se retrouve dans la plupart des pays occidentaux. La répartition du travail et de l'emploi est à la traîne du développement de l'économie nouvelle et de son évolution rapide.

En choisissant de tout mettre en œuvre pour édifier une société où l'accès au savoir et l'essor du savoir-faire occupent le centre du développement et du progrès, l'État augmentera du même coup le niveau de compétence et la capacité de chacun de produire des biens et de fournir des services de qualité dans ce nouvel univers économique. Et dans le monde virtuel dans lequel nous glissons inévitablement, le citoyen disposera des outils qui placeront les gouvernements en concurrence les uns avec les autres.

Dans un tel univers, par exemple, le citoyen peut acheter par voie électronique et se faire livrer un bien de consommation qui a été conçu en France, produit à Taiwan et entreposé aux États-Unis. Où les taxes sont-elles payées? Quel gouvernement peut exercer un tel contrôle? C'est une brèche qui entame la source première de la richesse économique collective. Nous assistons à la dématérialisation du support des biens tangibles et à la désintermédiation de la distribution. Le bien matériel passe directement du producteur au consommateur. Quant au service, on peut déjà, dans Internet, télécharger des informations dont le coût est automatiquement porté au crédit du consommateur-internaute. Le monde virtuel est entré dans nos maisons. Et c'est la direction que prendra l'avenir et avec une rapidité de plus en plus grande. Dans un monde organique, la souveraineté se glisse au niveau du citoyen.

L'ouverture tous azimuts des marchés à l'échelle de la planète pèsera bien lourd sur l'évolution de nos sociétés et en changera le profil. Ces bouleversements sont actuellement en marche. Par exemple, il n'existera bientôt plus de frontières commerciales entre les États-Unis et le Canada, et les biens et services circuleront librement. Cette passoire n'aura pas que des répercussions économiques et commerciales, elle risque de changer notre façon de vivre. Les systèmes de taxation et l'accessibilité aux sources de capital, par exemple, devront se comparer. Et puisque nos voisins du sud occupent le premier rang des pays engagés dans l'économie de demain, il nous faudra mettre les bouchées doubles pour les rejoindre. Et ces bouchées doubles embrassent plusieurs champs d'action.

Nous savons aussi que le nombre des sans-emploi ou des exclus augmente sans cesse et qu'il serait illusoire de croire que les secteurs économiques, même les plus énergiques et les plus entreprenants, pourraient, à moyen terme, absorber une portion significative de cette main-d'œuvre stérile. Il n'y a pas de solution magique à la création d'emplois. Les gouvernements, les uns après les autres, ont commencé par promettre pour finalement souhaiter la création d'emplois.

☙

L'être humain prend l'ère

Cette réflexion qui définit l'entrée d'une manière irréversible de notre société dans l'ère de la créativité ne prétend pas contenir la vérité absolue. C'est plutôt une position qui situe résolument l'être humain au centre de l'intelligence et du rayonnement du monde nouveau dans lequel nous entrons. Cette orientation accorde la primauté à l'individu et à ses valeurs sur les organisations.

L'ère industrielle qui se meurt, avec l'approche mécanique de gestion qu'elle privilégiait, favorisait l'autorité, la direction et le pouvoir. Aujourd'hui, ce pouvoir, grâce à l'accès universel au savoir et à son partage, passe de plus en plus aux mains de l'individu. Dans l'ère nouvelle, l'approche organique propose l'adaptabilité à l'évolution et invite chacun à créer et à innover.

Le monde évolutif, adaptatif et complexe dans lequel nous sommes plongés évoque la nature et rappelle l'organisme vivant. Il est vraisemblable de penser que l'individu sera naturellement plus à l'aise dans cet univers qui ouvre toutes grandes les portes de la liberté de choix et d'expression, de l'échange des valeurs et surtout de l'affirmation de soi.

Est-ce que ce monde nouveau fera confiance à l'individu et favorisera son épanouissement et son libre arbitre ? L'accès universel au savoir et son partage illimité nous permettent d'envisager l'avenir avec optimisme. Des communautés d'intérêt qui épousent les mêmes valeurs pourront édifier ensemble une société qui les assemble et qui leur ressemble. Le monde organique appuie et encourage l'interconnexion des individus et l'échange continu des idées et des valeurs. La liberté et la démocratie seront peut-être les grands vainqueurs de ce tournoi de l'avenir.

Quant à l'entreprise, microcosme social en action, elle devra, dans ce nouveau décor qui privilégie l'être humain, être menée par des chefs visionnaires et bons communicateurs qui croiront fermement au potentiel des individus, à leur capacité de s'adapter à l'évolution, et à leur aptitude à créer et à innover. Le dirigeant ne siégera plus au sommet de la pyramide de son organisation, mais s'assoira au centre des opérations, au milieu des employés, là où rayonneront avec efficacité sa vision et l'élan qui l'accompagne.

En définitive, aujourd'hui, c'est l'être humain qui prend l'ère.

BIBLIOGRAPHIE

BURKAN, Wayne C. *Wide Angle Vision,* John Wiley, 1996, 261 p.

CENTRE DES DIRIGEANTS D'ENTREPRISE. *Construire le travail de demain ; 5 tabous au cœur de l'actualité,* Paris, Les Éditions d'organisation, 1995, 192 p.

DRUCKER, Peter Ferdinand. *Au-delà du capitalisme : la métamorphose de cette fin de siècle,* Paris, Dunod, 1993, 240 p.

———. *Managing in a Time of Great Change,* New York, Truman Tally Books/Dutton, 1995, 371 p.

———. *Balises pour un monde différent,* Paris, Village mondial, 1996, 302 p.

———. Foundation For Non-Profit Management. *The Organisation of The Future,* New York, Jossey-Bass Publishers, janvier 1997, 397 p.

GLEICK, James. *La théorie du chaos. Vers une nouvelle science,* Paris, Flammarion, février 1991, 431 p.

HANDY, Charles B. *L'Âge de déraison,* Paris, Village mondial, mai 1996, 236 p.

HARRISON, Bennett. *Lean and Mean : The Changing Landscape of Corporate Power in The Age of Flexibility,* New York, Basic Books, 1994, 324 p.

KANTER, Rosebeth Moss. *World Class : Thriving Locally in The Global Economy,* London, Simon & Shuster, 1995, 416 p.

KAO, John. *Jamming. The Art and Discipline of Business Creativity,* New York, HarperCollins Publishers, 1996, 204 p.

MATTELART, Armand et Michèle. *Histoire des théories de la communication,* Paris, Éditions de La Découverte, 1995, 125 p.

NAISBITT, John. *Global Paradox : The Bigger the World Economy, the More Powerful Its Smaller Players,* New York, Morrow, 1994, 303 p.

NEGROPONTE, Nicholas. *L'homme numérique,* Paris, Robert Laffont, 1995, 295 p.

POPCORN, Faith. *Le rapport Popcorn. Comment vivrons-nous l'an 2000?*, Montréal, Les Éditions de L'Homme, 1994, 268 p.

QUINN, James Brian. *L'entreprise intelligente. Savoir, services et technologie,* Paris, Dunod, 1994, 514 p.

ROMAGNI, Patrick *et al. 10 outils : clé du management,* Paris, Presse du Management, Éditions du GO, 1996, 283 p.

ROSNAY, Joël de. *Le macrocosme. Vers une vision globale,* Paris, Éditions du Seuil, 1975, 346 p.

———. *L'homme symbiotique. Regards sur le 3ᵉ millénaire,* Paris, Éditions du Seuil.

THUROW, Lester C. *The Future of Capitalism. How Today's Economy Forces Shape Tomorrow's World,* New York, William Morrow and Company, 1996, 385 p.

TABLE DES MATIÈRES